Marina Hoyer

Marhaba

Für Abdelillah

Marina Hoyer

MARHABA

Marokkanische Impressionen

ihleo verlag

Bibliografische Information der Deutschen Nationalbibliothek
Die Deutsche Nationalbibliothek verzeichnet diese Publikation in der Deutschen Nationalbibliografie; detaillierte bibliografische Daten sind im Internet über http://dnb.d-nb.de abrufbar.

Mein ganz besonderer Dank gilt
Claudia Tommaschewski-Fetzer,
Marion Gees,
Oliver Ihle
und Peter Steinz,
die mich ermutigt und unterstützt haben.

Impressum

2. Auflage 2011

ihleo verlagsbüro – Dr. Oliver Ihle, Schlossgang 10, 25813 Husum

Abbildungen

Umschlagfoto (Tür in Essaouira) und Foto auf Seite 14 (Alltag/Marrakesch): Frederike Johnigk
Foto auf Seite 74 (Begegnungen/Wüstensöhne): Peter Steinz
Foto auf Seite 106 (Abschied/Teekanne): Maria Moenius
Karte auf Seite 128 (Marokko): ihleo verlagsbüro, Daten von OpenStreetMap (veröffentlicht unter CC-BY-SA 2.0)

ISBN 978-3-940926-16-6

INHALT

Einleitung 7
Der Kornmarkt 9

ALLTAG
Ankunft 17
In der Medina 21
Der Wind 27
Im Haus der Familie 29
Hamam 37
Besuch vom König 45
Rue Laayoune 49
Unterwegs 59
Ramadan 63

BEGEGNUNGEN
Der kleine Mohamed 77
Mustapha 81
Frauen 87
Der Mann im Bus 95
Wüstensöhne 99

ABSCHIED
Im Taxi nach Essaouira 109
Minze in Nordfriesland 117

ANHANG
Glossar 123
Landkarte Marokkos 128

Einleitung

„Wie buchstabiert man *Essaouira*?", fragte eine Freundin, als sie erfuhr, dass ich dort für einige Zeit leben wollte. Niemand hatte den Namen der malerischen marokkanischen Hafenstadt am Atlantik vorher gehört.

Nicht wie eine Touristin wollte ich nach zwei oder drei Wochen wieder abreisen, sondern plante, ein halbes, vielleicht ein ganzes Jahr dort zu bleiben und den Alltag und das tägliche Leben in Marokko kennenzulernen. Ein Traum war es: der Wunsch, einzutauchen in die mir bunt und geheimnisvoll erscheinende Welt dieses Landes, die mich faszinierte.

Sieben Jahre sind daraus geworden.

Sieben Jahre, die besonders und einzigartig waren und die ich nicht missen möchte.

Sieben Jahre, reich an Eindrücken und Begegnungen mit den unterschiedlichsten Menschen, reich an Erfahrungen.

Vieles hat sich in diesen sieben Jahren verändert, einiges ist unwiederbringlich verloren gegangen. Ich bin glücklich, dass mir meine Zeit in Marokko so viele Bilder und Geschichten geschenkt hat.

Der Kornmarkt

Er war von Anfang an einer meiner Lieblingsplätze in Essaouira – der Kornmarkt. Ein wenig abseits der betriebsamen Hauptstraße dämmerte er vor sich hin. Ich entdeckte ihn schon bei meinem ersten Besuch.

Die Hitze hielt sich an diesem Spätnachmittag im September hartnäckig, und kaum vor der Sonne geschützt, hockten am Rand des Platzes zwei Männer im Staub, vor sich auf den Steinen einige lange, silbrig schimmernde Fische. Wollten sie ihren Fang hier anbieten und verkaufen oder begutachteten sie ihn nur? Magere Katzen drückten sich entlang den nach Pisse riechenden Mauern und beobachteten träge das Geschehen – in der Hoffnung, vielleicht einen Fischkopf zu ergattern.

Wie zur Erinnerung an die frühere Bedeutung dieses Platzes war in einer Ecke Getreide zu einem kleinen Berg aufgeschüttet, daneben wartete eine alte, rostige Waage geduldig auf ihren Einsatz. Die auf gefüllten Weizensäcken ausgestreckten Männer schienen auf nichts zu warten, waren einfach da, überließen sich dem Tag, verbrachten – wer weiß es? – womöglich ihr gesamtes Leben so. Halb liegend, die verrinnende Zeit mit einem Schluck Tee unterbrechend, hin und wieder einige Sätze wechselnd, entging ihren scheinbar geschlossenen Augen aber nichts.

In den Räumen unter den Arkaden, die den Platz an drei Seiten einfassten, lagerte schon lange kein Korn mehr. Kleine, armselige Werkstätten haben dort jetzt ihre Bleibe gefunden. Schuster besohlten Schuhe mit dem Gummi gebrauchter Autoreifen, klebten und flickten Zerschlissenes. Ein alter Mann beugte sich über eine noch viel ältere Nähmaschine, sah nicht auf, begleitete seine Gedanken mit dem gleichmäßigen Rattern und Surren der durch den groben Stoff auf und ab hüpfenden Nadel. Dazwischen, wie Eindringlinge wirkend in dieser bescheidenen Welt, zwei Schmuckläden mit überquellenden Schaufenstern, verlockenden Schatzkammern gleich.

Stille, bis auf das herausfordernde Kreischen einer Möwe. Auch sie ließ die Fische nicht aus den Augen.

Vor einem winzigen Restaurant saßen drei Männer in dunklen Djellabas auf roh zusammengezimmerten Hockern an einem wackligen Tisch, vor sich kleine Teegläser. Ab und zu brachte der Wirt in bauchigen und schon etwas abgestoßenen Emaillekannen Tee mit einem Tablett in einen der Läden, und für einen Augenblick schien ein Hauch Minze über den Platz zu wehen.

Drei Jahre später komme ich zurück.

Als ob ich sie gestern verlassen hätte, ruhen die Getreideverkäufer auf ihren Säcken. Doch sie haben ihr Angebot erweitert: Alte, reich verzierte Teekannen, Flakons für Rosenwasser, hohe Messingleuchter, traditionelle, silbern glänzende Metallgefäße für Tee, Zucker, Minze und Brot glitzern in der Sonne. Vorübergehende Touristen bleiben interessiert stehen, und der eine oder andere lässt sich auf einen Handel ein.

In den Schusterwerkstätten stapeln sich die alten, abgetragenen Schuhe verschämt in einer Ecke. An den Wänden hängen Regale voller Bastpantoffeln in leuchtenden Farben und ausgefallenen Formen. Sie werden von Frauen in Heimarbeit hergestellt, und der Schuhmacher nagelt und klebt jetzt Ledersohlen. Das Geschäft lohnt. Die Schuhe verkaufen sich in Frankreich und Spanien hervorragend, und stolz zeigt man die Fax- und Internetbestellungen. Manchmal liegt der frisch gefärbte Bast – *Raffia*, wie man hier sagt – in allen Farbschattierungen zum Trocknen auf dem Platz aus, von den Möwen keines Blickes gewürdigt, aber Katzenjunge spielen und verstecken sich gern darin.

Das kleine Restaurant hat Gesellschaft bekommen. Gleich nebenan hat ein Ehepaar ein traditionelles Café eröffnet. Drei nagelneue weiße Plastiktische mit passenden Stühlen und sogar ein etwas zerzauster Sonnenschirm sind einladend zurechtgerückt. Der Sohn der Besitzer, vielleicht zwölf Jahre alt, preist Tee und kalte Getränke und spricht die vorbeischlendernden Touristen an, die sich aber meistens nicht trauen, hier etwas zu trinken, und die großen Touristencafés bevorzugen.

Ich komme oft, kann mich jedes Mal nur schwer zwischen den zwei Cafés entscheiden, werde bald schon als Stammgast wiedererkannt, umworben und mit Handschlag begrüßt. Man weiß, dass ich meinen Tee wie die Einheimischen trinke – stark und süß – und legt die großen Zuckerstücke nicht mehr neben die Kanne. Hierher gehe ich, wenn ein Brief aus Deutschland in meinem Postfach liegt, den ich gleich lesen möchte, und manch einen Nachmittag verbringe ich mit einem Buch unter dem Sonnenschirm oder beobachte einfach nur das Treiben.

Ab und zu kommen Bettler vorbei. Ein alter, zerlumpter Mann auf einfachen Holzkrücken humpelt von Tisch zu Tisch. Selten habe ich so strahlende Augen gesehen. Ein anderer, mit rotem Jackett wie ein Orchestermitglied gekleidet, spielt auf seiner Geige zwei schräge Töne und sagt dann fordernd: „Dirham, Madame." Man gibt schon etwas, damit er nur nicht weiterspielt. Ich mag ihn nicht besonders. (Einige Jahre später muss er ohne Geige betteln. Ob man sie ihm gestohlen hat? Jetzt tut er mir leid.)

Noch immer strahlt der Platz Ruhe aus und nur die zahlreicher werdenden Touristengruppen, denen ringsherum alles erklärt wird und die zum Kaufen animiert werden, zeigen, dass auch hier die Zeit nicht stehen bleibt.

Sieben Jahre später steht der *marché aux grains* als Geheimtipp in allen gängigen Reiseführern.

In den traditionellen Restaurants sind die einheimischen Männer in die Minderheit geraten. Oft ist es schwer, überhaupt einen freien Platz zu finden. Die Raffiamode plätschert nur noch müde vor sich hin, der eine oder andere Schuster hat seinen Laden bereits verpachtet. Schön gestaltete Geschäfte bieten ausgesuchtes Kunsthandwerk für Touristen an. Ein drittes Café wirbt mit Fruchtcocktails und 40 verschiedenen Teesorten, Musikgruppen spielen ein paar Takte, gehen dann von Tisch zu Tisch und fordern Geld.

Noch lagern die Männer auf ihren Getreidesäcken und trinken anscheinend unbeeindruckt ihren Tee.

Wie lange noch?

Hassani

Alltag

ANKUNFT

Es ist ein sehr warmer Aprilmorgen in Agadir. Ich habe das Warten nach der Ankunft am Flughafen, das langwierige Vergleichen von Pass und Einreisekarte sowie die unfreundliche, gelangweilte Art der Beamten hinter mich gebracht und hätte jetzt gern mein Gepäck, das ich vorab mit Luftfracht verschickt hatte. Gut sichtbar stehen die Koffer hinter einem Gitter des Lagerraums. Alles ist da. Ich atme auf. Aber man sieht mich skeptisch an, als sei es ein befremdliches Ansinnen, diese Dinge auch mitnehmen zu wollen.

Hinter einem schäbigen Tisch sitzt ein dicker, nicht sehr interessierter Mann, dem ich erkläre, was ich möchte. Das Gesicht bleibt unbewegt, der Mann scheint überfordert.

Ich gebe ihm den Frachtbrief, den er von allen Seiten betrachtet, versuche es mit einer neuen Erklärung in meinem holprigen Französisch, lächle ihm freundlich zu. Alles prallt ab und ein solches Formular scheint er noch nie gesehen zu haben. Zum wiederholten Mal muss ich meinen Pass vorzeigen, der ebenso lustlos gedreht und gewendet wird wie der Frachtbrief. Ein zweiter und ein dritter Beamter kommen dazu. Man mustert mich unverhohlen. Eine lebhafte, ausgedehnte Diskussion entbrennt, von der ich leider kein Wort verstehe. Stapel loser Frachtzettel werden mehrfach durchsucht, mit meinen Papieren verglichen. Vergeblich. Die zwei Gepäckstücke stehen zwar da, sind aber anscheinend offiziell nicht angekommen. Schubladen werden aufgezogen, Ordner hochgehoben und geschüttelt, nichts.

Mir bricht der Schweiß aus, ich denke an Organisation und Ablage und würde gern etwas trinken.

Mohamed, ein Freund, der in zwölf Stunden Fahrt mit dem Bus aus dem Mittleren Atlas angereist ist, um mir bei den ersten Schritten in der neuen und anfangs verwirrenden Welt zu helfen, mischt sich ein, gestikuliert, erklärt. Man nickt.

„Makayn mouchkil“, murmelt Mohamed. Kein Problem.

Ich werde es in den kommenden Jahren noch oft hören und auch selbst benutzen: Wenn man mit dem Bus in Gluthitze liegen bleibt, Zusagen nicht eingehalten werden, das Wasser stundenlang ohne Vorwarnung nicht läuft oder das Essen misslingt – *makayn mouchkil* ist das Zauberwort und glättet die aufgewühlten Nerven, selbst wenn sich die Probleme so hoch wie das Atlasgebirge auftürmen.

Irgendwann erscheint ein vierter Beamter mit einer alten, ziemlich mitgenommenen Kladde. Position für Position wird überprüft. Ich sinke erschöpft auf einen Stuhl, dessen viertem Bein fünf Zentimeter fehlen. Die Zeit geht dahin.

Dann endlich, endlich wird ein Eintrag gefunden. Der ersehnte Beweis, dass mein Gepäck diesen Raum erreicht hat. Ich hatte selbst begonnen, daran zu zweifeln, dass da meine Koffer vor mir stehen. Ich springe auf. Aber man bedeutet uns, zu warten, da jetzt die Auslieferungspapiere geschrieben werden müssten. Mohamed zwinkert mir aufmunternd zu.

Zwanzig Minuten später bezahle ich das Lagergeld und nehme die Papiere erleichtert in Empfang. Das wäre geschafft. Nun kann es losgehen. Aber bedauernd teilt man uns mit, dass jetzt leider der Zoll Mittagspause habe – zweieinhalb Stunden. Achselzucken. Aber *inschallah*, wenn Allah sich einverstanden erklärt, werde ich meine Habe am Nachmittag bekommen.

Ich beschließe, gelassen zu bleiben, habe ja auch keine andere Wahl. Gemeinsam mit Mohamed und dem geduldig wartenden Taxifahrer mache ich mich auf in den nächsten Ort, und dort können wir uns endlich mit einem Glas süßen Minztee stärken.

Nach zweieinhalb Stunden stehe ich wieder in der Lagerhalle, doch es vergeht noch einmal eine gute Stunde, bis ich den Herrn vom Zoll zufriedengestellt habe und gegen vier Uhr nachmittags mein Gepäck in Empfang nehmen kann. *Monsieur le douanier* tut sehr ernst und gewichtig und ist sich der Bedeutung seiner Aufgabe voll bewusst. Noch einmal liest und vergleicht er die Papiere, zieht meinen Pass hinzu und durchblättert die Kladde. Die Gepäckstücke scheinen ihn nicht zu interessieren. Beiläufig erkundigt er sich nach meinem Begleiter, gibt mir einige aufschlussreiche Erklärungen zu den marokkanischen Männern und ihren verwerflichen Absichten, betont, dass ich mit Essaouira eine gute Wahl getroffen habe – dort sei es noch ruhig und ursprünglich – und fügt hinzu, dass er die Absicht habe, demnächst wieder einmal dorthin zu fahren. Ich nicke freundlich. Endlich wird dann das Gitter geöffnet, das Stempelkissen mit frischer Tinte getränkt, die Papiere werden höchst amtlich und mit großer Lautstärke abgestempelt und mit einer lässigen Handbewegung signalisiert man mir, dass ich meine Koffer an mich nehmen darf.

Ich atme tief durch.

Später erfahre ich, dass Mohamed mit etwas Bakschisch, einem kleinen Trinkgeld, nachgeholfen hat. Sonst hätte es wahrscheinlich noch länger gedauert.

Und dann können wir uns, wenn auch mit reichlich Verspätung, auf den Weg machen, meinem Ziel und neuem, unbekanntem Wohnort entgegen.

Das Taxi nimmt Kurve um Kurve der gebirgigen Straße zwischen Agadir und Essaouira.

Mein Begleiter ist eingeschlafen, und an mir ziehen in Gedanken noch einmal die vergangenen Monate vorüber, in denen der Entschluss reifte, meinen Wunsch zu verwirklichen und für einige Zeit in Marokko, einer fremden Welt und Kultur, zu leben.

Und jetzt sitze ich tatsächlich in diesem Taxi, das mich in einen neuen Lebensabschnitt fährt, und alles erscheint unwirklich.

Ein Straßenschild: noch zehn Kilometer bis Essaouira.

Ich bekomme Herzklopfen.

In der Medina

Die Medina, die von einer Stadtmauer umgebene Altstadt, betrete ich anfangs meistens durch das Bab Marrakech, das große Stadttor im Süden.

Besonders gern bin ich morgens unterwegs, wenn die Stadt langsam erwacht, das lebhafte Treiben in den Gassen beginnt. Gegen halb zehn öffnen die Geschäfte. Scheppernd rattern die Rollläden hoch, werden die schweren Eisenstangen, die die Türen sichern, abgenommen. Aus einigen Läden wehen Koranrezitationen.

Kurz hinter dem Tor befinden sich mehrere kleine Schmiedewerkstätten. Zwei Männer arbeiten schon. Sie fertigen Lampen und hübsche Eisenmöbel. Funken sprühen, alles um sie herum ist rußgeschwärzt. Reicht der Platz in der Werkstatt nicht aus, wird auf dem schmalen Gehweg gearbeitet. Autos dürfen nicht in der Medina fahren.

Der Souk Warka, der Papiersouk, schließt sich an. Die winzigen Läden reihen sich aneinander, und bis unter die Decke türmen sich Bücher, Zeitschriften und alles für den Schulalltag. Viele Bücher in arabischer Sprache sind mit goldenen Schriftzeichen bedruckt und reich verziert. Niemand ist verwundert, wenn man nur einen Briefumschlag oder fünf Blatt Papier kaufen möchte. Der Händler steigt auf seine hohe Leiter und holt das Gewünschte aus luftiger Höhe.

Gegenüber backt ein freundlicher Mann in einem weißen Kittel Beignets in heißem Öl aus, die ein Junge mit Zucker bestreut und an die wartenden Kunden verkauft.

Mit einem heißen Glas Tee sind sie ein besonderes Frühstück. Die Anzahl der zusammengebundenen Gebäckstücke lässt auf die Größe der marokkanischen Familien schließen.

Drei Jahre später brennt es in dem Geschäft und danach bleibt es leider geschlossen.

Ein Stück weiter die Straße entlang zerren die Lebensmittelhändler die schweren Säcke mit Reis, Nudeln und Hülsenfrüchten vor ihre Läden. Ein Fest für die zahlreichen Spatzen. Immer wieder starten die Vögel kleine Raubzüge. Man lässt sie gewähren. Allah gibt all seinen Kreaturen.

Immer mehr Geschäfte öffnen. Waren werden neu arrangiert, die weißen Mauern einiger Häuser verschwinden hinter bunten Teppichen, mit denen die Teppichhändler Kunden anlocken wollen. Sie selbst haben sich kleine Schemel vor die Tür gestellt und genießen den ersten Tee.

Einkaufstaschen aus Bast stapeln sich neben knallblauen Plastikwaren für den Haushalt, der Handyverkäufer putzt seine Vitrine, die Fenster der Schmuckläden sind übervoll mit Ringen, Ketten und Armbändern, Berge von frischer Minze werden mit Wasser besprüht und verströmen ihren anregenden Duft, ein fliegender Händler verkauft, laut den günstigen Preis ausrufend, karierte Schürzen und hat sich selbst schon einmal ein Modell umgebunden, Jungen balancieren geschickt Tabletts mit Tee durch die Gassen, eine Katze hat etwas in einem vergessenen Müllbeutel entdeckt und verteidigt ihre Beute.

Die Lastträger dösen noch in ihren Karren, warten auf einen Auftrag.

Vor den Schlachterläden hängen Hammel- und Rinderhälften. Der Schlachter wetzt sein Messer, dekoriert die Fleischstücke mit frischer Petersilie und begrüßt die ersten Kunden. Der Verkäufer für Innereien gegenüber bietet abenteuerlich aussehende Fleischstücke an, von deren Existenz ich bis vor Kurzem nichts ahnte. Ein Stück weiter warten blutige Hammelköpfe und Pfoten auf Käufer. Beides sind beliebte Delikatessen.

Ein Fuhrmann, stehend auf seinem Karren, treibt sein Maultier mit der Peitsche an und befördert seine schwere Last durch die Menge. Das Gefährt ist beladen mit Mehlsäcken, die er in die nächste versteckt liegende, dunkle Backstube bringt. Hier lassen auch die Frauen ihr Brot backen, dessen Teig sie zu Hause vorbereitet haben. Einige tragen die Bleche, auf denen die Brote mit einem Tuch zugedeckt liegen, noch auf dem Kopf. Doch immer mehr Haushalte besitzen inzwischen einen elektrischen Backofen, und so wird dieses Bild wohl bald verschwunden sein, obwohl das Brot, in der Glut des Holzfeuers gebacken, viel besser schmeckt.

Auch in einem der vielen *Hamams*, den öffentlichen Badehäusern, lodert schon das Feuer. Ein alter Mann bewacht es, umgeben von enormen Holzvorräten.

An der nächsten Ecke hält man den Atem an, weil der Gestank nach Urin unerträglich ist. Nur schnell weiter. Katzen streunen, suchen nach Abfällen.

Frauen im *Haik*, dem sieben Meter langen traditionellen Umhang, der sie ganz verhüllt, begutachten jede Tomate einzeln, schnuppern an Petersilie und Koriander, feilschen um den Preis. Bettler strecken ihre Hände aus. Die Cafés stellen Tische und Stühle vor die Tür, besprengen den Boden mit Wasser gegen den Staub. Die Gäste können kommen.

Ich bestelle einen *NesNes*, das bedeutet halb-halb, also halb Café halb Milch, am Platz Moulay Hassan. Hier kennt man mich schon, weiß, was ich möchte, und achtet anfangs auch darauf, dass kein *faux guide* zudringlich wird. Faux guides – falsche Führer – sind junge Männer, die versuchen, ihren Lebensunterhalt zu verdienen, indem sie Touristen ihre Dienste anbieten. Das können Dienste jeglicher Art sein, da ist man nicht zimperlich. Schließlich gilt Marokko als lohnendes Ziel für allein reisende Frauen, die auf der Suche nach männlicher Begleitung sind; da spielen auch das Alter und der Altersunterschied keine Rolle. Einen Versuch ist es diesen „Fremdenführern" immer wert – man hat schließlich Zeit genug, und vielleicht springt etwas dabei heraus.

Doch die Stadt ist klein und bald bin ich bekannt – viel schneller, als ich es erwarten konnte – und man hat begriffen, dass ich nicht an einem amourösen Abenteuer interessiert bin. Immer wieder überrascht es mich, wenn jemand mir ganz Unbekannter sagt: „Ich habe Sie schon gesehen. Sie kommen aus Deutschland und wohnen hier. Wie gefällt Ihnen Essaouira? Marhaba. Herzlich willkommen."

Ich gehe weiter.

Inzwischen sind auch die fliegenden Händler mit ihren Holzkarren eingetroffen und sichern sich einen günstigen Platz. Auf ihren Karren findet man immer das, was die Saison gerade im Überfluss hervorbringt: Mal sind es Granatäpfel – aufgeschnittene Hälften locken mit leuchtend dunkelroten Kernen –, mal zarte Erbsenschoten, Mandarinen, Orangen oder Kaktusfeigen – vier Stück für einen Dirham, die man sich schälen lässt und gleich isst. Immer sind Fülle und Duft verführerisch, und natürlich kaufe ich.

Man darf alles selbst aussuchen. Abgewogen wird haargenau, und der Verkäufer tauscht so lange große und kleine Früchte, bis das Gewicht stimmt. Selbstverständlich werde ich in den ersten Wochen tüchtig übers Ohr gehauen. Da helfen auch zaghafte Versuche zu handeln nichts. Es ist ein Sport, die Fremden ein wenig zu betrügen. Wir haben doch so unendlich viel Geld, dass wir sogar mit dem Flugzeug reisen können.

Später kenne ich die arabischen Namen für Obst und Gemüse, verstehe den Preis, den man mir nennt, und zahle nicht mehr als die Marokkaner.

Schnell beleben sich die Straßen. Die Frauen wollen rechtzeitig für das Mittagessen frisches Fleisch und Gemüse kaufen. Oft ist der Einkauf aber noch Sache der Männer, besonders auf dem Land.

Ein Bauer trägt vier lebende Hühner und eine Pute durch die Menge: „Poulet, Madame?", lächelt er verschmitzt. Ein anderer hat seine gesamte Knoblauchernte vor sich auf dem Gehweg ausgebreitet. Kleine, feste, violette Knollen mit wunderbarem Aroma. Der Eierverkäufer schützt seinen Kopf mit einer Eierpappe gegen die Sonne, neben ihm hockt eine Frau, die gehäutete Kichererbsen und die traditionelle Seife für den Hamam anbietet.

Zwei Busse mit Touristen aus Agadir sind eingetroffen. Noch etwas unsicher scharen sie sich um ihren Reiseführer. In diesem Moment bin ich fast ein bisschen stolz, keine „richtige Touristin" mehr zu sein, sondern schon ein wenig dazuzugehören, etwas teilhaben zu können an dieser fremdartigen, aufregenden Welt.

Jetzt noch schnell zum Fischmarkt.

Hier liegen die Köstlichkeiten des Meeres dicht an dicht auf einfachen, gekachelten Verkaufstresen. Kühlung gibt es nicht.

Obwohl Fisch für marokkanische Verhältnisse recht teuer ist, wird er sehr gern gegessen, und man drängt sich um die Stände. Nur nach starkem Wind bleibt der Platz verwaist. Dann können die hölzernen Fischerboote nicht auslaufen.

Man hat die Qual der Wahl. Nehme ich eine Dorade oder Sardinen, Krevetten oder doch lieber kleine Seezungen? Vielleicht sollte ich mir ein Stück von dem großen, silbrigen Fisch geben lassen, dessen Namen ich noch nicht kenne. Oder entscheide ich mich für einen Wolfsbarsch mit festem, wohlschmeckendem Fleisch? Es gibt Moränen, Thunfisch, getrocknete Miesmuscheln, die lange im Wasser eingeweicht werden müssen, aber danach in einer *Tajine,* dem traditionellen Schmortopf, sehr delikat sind. Die Sardinen werden zu kleinen Haufen geschichtet angeboten. Gegrillt oder mit einer würzigen Paste – *Chermoula* – bestrichen und dann gebraten, sind sie ein preiswerter Genuss. Aziz, mein Fischverkäufer, meint, dass sie zurzeit besonders gut sind, und damit ist die Entscheidung gefallen.

Bald ist es Mittag. Schon ist die Schule aus und die Kinder rennen in ihren Schuluniformen hintereinander her. Jetzt schnell noch etwas Kohle für den Grill, einige Tomaten und Zwiebeln kaufen, und dann verlasse ich die Medina und gehe, zufrieden mit meinem bunten Vormittag, nach Hause.

DER WIND

Er lauert hinter den Hausecken, greift mit geballter Wucht an, jagt Sand in die Augen, fegt ihn die Straßen entlang. Schwarze Plastiktüten schweben, dunklen Vögeln gleich, durch die Luft, halten sich müheloser als die Möwen, deren sonst durchdringendes Geschrei schwächer zu sein scheint.

Die Frauen binden die Kopftücher fester, die Männer setzen sich die Kapuzen ihrer Djellabas auf.

Sharki, das heißt, *der aus dem Osten kommt*. Der aggressive Wind tobt wie eine wilde Meute über das Land, beherrscht seit Tagen die Stadt.

Einzig der Himmel scheint von ihm unbeeindruckt. Strahlend blau beobachtet er gelassen das Treiben.

Die blauen Fischerboote warten festgezurrt im Hafen, die Stände auf dem Fischmarkt bleiben leer. Tagelang kein Fang bedeutet tagelang kein Geld.

Die unzähligen Katzen verkriechen sich in eine geschützte Ecke. Abends bleibt die Stadt denen überlassen, die keine rechte Bleibe haben. Die Cafés schließen früh.

Doch man kann ihm trotzen, ihm das Gesicht entgegenhalten, oben auf der Scala, ihm zuhören.

Die Wellen brechen sich tosend an den vorgelagerten Felsen. Fontänen gleich schießt die Gischt in die Höhe. In ihrem feinen Wasserschleier leuchten für einen Augenblick kleine Regenbogen auf. Ein feiner Film legt sich über das Gesicht, lässt Salz auf den Lippen zurück.

Einige Tage lang wird er wüten.

Dann kehrt Ruhe ein, man atmet auf. Wie zur Wiedergutmachung folgen ihm immer besonders schöne und ruhige Tage.

Im Haus der Familie

Abdelillah treffe ich, wenn ich ein Telefonat mit Deutschland führen will. Er arbeitet in einer der vielen Teleboutiquen, hält hinter einem kleinen Tresen Wechselgeld bereit und ist den immer noch zahlreichen Analphabeten – häufig ältere Frauen – beim Wählen der Telefonnummern behilflich. Ende zwanzig, dunkel, hochgewachsen, mit einem offenen Gesicht und strahlend weißen Zähnen ist er zurückhaltend und ausgesprochen höflich, macht keine Unterschiede. Jedes Mal unterhalten wir uns ein paar Minuten, lernen uns nach und nach kennen und schätzen. Eine ganz besondere Freundschaft entwickelt sich, und seine Familie nimmt mich als neues Mitglied auf.

Ihr Haus in der Medina steht mir offen und ihre Bereitschaft, mich an ihrem Leben teilhaben zu lassen, ist ehrlich gemeint, ohne jegliche Berechnung oder die versteckte Hoffnung, vielleicht durch die Bekanntschaft mit einer Europäerin Vorteile zu haben – ein wenig zu profitieren, wie es hier heißt.

Ein Glücksfall für mich, ein Geschenk.

Im Laufe der Jahre werde ich zu vielen Festen eingeladen, werde an Hochzeiten, Opferfest und der Feier nach der Rückkehr aus Mekka dabei sein, werde kommen, wenn jemand krank ist, wenn zur Geburt eines Kindes ein Hammel geschlachtet wird oder eine Witwe nach 40-tägiger Trauerzeit wieder am normalen täglichen Leben teilnimmt und an diesem Tag die Familie zu einer kleinen

Zeremonie zusammentrifft. Werde gemeinsam mit Abdelillah Verwandte in Agadir und Tiznit besuchen – ein eher ungewöhnlicher Vorgang –, und überall wird mir eine große und unkomplizierte Gastfreundschaft entgegengebracht.

Familienoberhaupt, geachtet und respektiert, ist Abdelillahs Tante Lalla Mina. In ihrem Haus lebt Abdelillah seit Jahren mit seiner Schwester Souad.

Tante Mina ist mit dem Großvater der beiden verheiratet und hat mit ihm vier Söhne und eine Tochter. Da Familienkonstruktionen noch nie meine Stärke waren, bin ich etwas verwirrt und sehe auch nicht klarer, als ich erfahre, dass der Großvater dreimal verheiratet war. Irgendwie hat er dabei zwei Schwestern zur Frau genommen und Lalla Mina ist Tante und nicht Großmutter.

Auf jeden Fall ist die Familie groß, das bemerke ich schnell.

Es gibt unzählige Tanten, Onkel, Cousins und Cousinen, und eine Menge kleiner Kinder schwirren auch noch umher. Ich brauche ziemlich lange, um sie alle zuordnen zu können. Erschwerend sind dabei natürlich auch die anfangs völlig fremden Namen. Längst habe ich damit begonnen, einige Personen im Geheimen mit Zusatzbezeichnungen zu versehen, um den Überblick zu behalten.

So gibt es zum Beispiel *la tante jalouse* – die Eifersüchtige –, *Fatima I* und *II* oder *Rachid, den Stillen*. Und immer wieder passiert es mir, dass mich jemand grüßt, von dem ich schwören möchte, ihn noch nie gesehen zu haben. Zudem tragen die älteren Frauen überwiegend den Gesichtsschleier, wenn sie in der Stadt unterwegs sind, und das macht das Ganze noch ein wenig schwieriger. So kennen mich bald viel mehr Leute, als ich sie kenne, und oft höre ich: „Hadischa oder Said haben dich da und da gesehen …“, was mich jedes Mal wieder überrascht.

Lalla Mina muss früher eine sehr hübsche Frau gewesen sein, doch das Alter und das harte Leben haben sie gezeichnet. Sie geht mühsam und unter Schmerzen, hoher Blutdruck macht ihr zu schaffen, und nur ein einziger Zahn ist gemeinsam mit ihr alt geworden. Aber ihre Augen sind ganz klar und blitzen immer noch fröhlich. Fragt man sie, wie es ihr geht, klagt sie nie.

Mariam und Mubarak, Tochter und Sohn von Lalla Mina, leben gemeinsam mit ihrer Mutter im Haus und kümmern sich auch um den kranken und bettlägerigen Vater. Früher soll der ein sehr stattlicher, kräftiger Mann gewesen sein, der den Frauen gefiel. Minze hat er verkauft, die beste in Essaouira, und Geschichten wusste er zu erzählen – damals, bevor das Fernsehen Einzug in die Häuser hielt.

Es ist selbstverständlich, dass er von der Familie betreut wird. Altersheime sind im Land so gut wie unbekannt, und als er stirbt, ist die große Familie bei ihm.

Die Familiensolidarität ist groß in Marokko. Das Leben hier ist nicht einfach, die Bedingungen manchmal nur schwer zu ertragen, und so hilft man sich gegenseitig. Wer das Glück hat zu arbeiten, sorgt auch für die, die keine Arbeit finden oder davon allein nicht leben können. Erwachsene Kinder unterhalten häufig ihre Eltern, das ist ganz selbstverständlich, denn Rente oder Pensionen gibt es kaum, und auch Geschwister kümmern sich umeinander. Nicht selten wird Geld abgezweigt und zusammengelegt, um einem Bruder oder einer Schwester Hilfestellung zu geben.

Immer wieder fällt mir auf, wie gerecht geteilt wird. Bringe ich Pralinen oder Schokolade aus Deutschland mit, erhält jeder das Gleiche, und bin ich einmal zum Opferfest nicht anwesend, wird mein Anteil an den köstlichen Brochettes, den Lammspießen, eingefroren.

Vielerorts, besonders auf dem Land, lebt man noch in der Großfamilie zusammen – zumeist auf engstem Raum. An eine Rückzugsmöglichkeit, eine noch so kleine Privatsphäre ist nicht zu denken.

Die sprichwörtliche Gastfreundschaft wird gelebt. Wer kommt, wird aufgenommen. Man fragt nicht, wie lange er bleibt. Auf den Diwans, die die Wände säumen, findet sich immer noch ein Platz zum Schlafen, man rückt zusammen, und die obligatorischen Wolldecken sind reichlich vorhanden, stapeln sich in den Ecken oder auf Schränken. Da wird kein Bett bezogen, kein Gästezimmer hergerichtet. Man teilt das, was man besitzt, und das ganz selbstverständlich.

Irgendwann einmal, bei einer Fahrt über Land, machte ich eine kurze Rast in einer recht verlassenen Gegend. Schon wenig später kam ein alter, ärmlich wirkender Mann mit einer Teekanne und Gläsern und bot uns heißen Tee an. Er fragte, ob wir bleiben wollten, und wenn ja, würde er ein Huhn schlachten, damit wir essen könnten.

„Marhaba bik“, sei willkommen, begrüßt mich Lalla Mina bei meinem ersten Besuch. Sie sitzt auf einem niedrigen Schemel in der Küche vor einem Gaskocher und überwacht die Tajine, die leise vor sich hin köchelt. Es riecht verführerisch nach frischem Koriander, Knoblauch und Gewürzen. Unterstützt wird sie beim Vorbereiten der Mahlzeit von ihrer Tochter Mariam und Abdelillahs Schwester Souad.

Mariam, eine hochgewachsene, üppige Frau mit dunkler Haut, scheint die eigentliche Herrscherin des Hauses zu sein. Man könnte sie sich gut als Mutter von einem halben Dutzend reizender und lebhafter Kinder, die um sie herumwuseln, vorstellen, aber leider ist sie mit Mitte dreißig noch unverheiratet. Sie ist voll berufstätig, erstellt Schnitte für eine große Schneiderwerkstatt und näht selbst Modelle für Kunden in Frankreich und Italien. Steht also auf eigenen Füßen und ist sehr selbstbewusst. Vielleicht tun sich arabische Männer damit etwas schwer.

Das Kopftuch, das sie auch im Haus trägt, hat sie fast ein wenig verwegen gebunden. Sie lacht gern und wirkt unglaublich vital. Das vor allem neben Souad. Die sieht müde aus, hat bereits einen langen Arbeitstag als *Mädchen für alles* in einem Hotel, in dem man sie ausnutzt, hinter sich und packt natürlich auch jetzt mit an. Bescheiden wirkt sie, still und ohne Arg, hat ein feines Lächeln, und man spürt, dass sie ein guter Mensch ist. Souad gibt, auch wenn sie sich selbst das Geld dafür leihen muss, erfahre ich später. Und das macht sie sehr häufig.

Übrigens trägt Mariam ein rosa-weiß geringeltes Nachthemd mit gestickter Teddy-Verzierung und Souad einen hellblauen Schlafanzug mit Mausapplikation. Die übliche Bekleidung der Frauen im Haus. Verlassen sie die Wohnung, schlüpfen sie in ihre Djellabas und sind fertig angezogen. Ganz einfach!

In all den Jahren konnte ich mich allerdings nie so recht daran gewöhnen, im Nachthemd und mit Hauspantoffeln aus Plüsch begrüßt zu werden.

Inzwischen wird der Duft, der aus der Küche zieht, immer verlockender. Das Essen ist fertig und wir nehmen im Patio, einem mit schönen alten Fliesen gekachelten, nach oben offenen Innenhof Platz. Hier findet das tägliche Leben statt. Der Salon mit prächtigen Polstern aus Goldbrokat und einer reich verzierten Holzdecke ist besonderen Gelegenheiten vorbehalten.

Natürlich läuft der Fernseher, das muss wohl sein, obwohl der Empfang in der Medina schlecht, das Bild nur verschwommen und schwarz-weiß ist.

Zwei, drei Jahre später wachsen auf allen Dächern unzählige Parabolpilze in den Himmel, und welch ein Glück: Man kann jetzt von einer ägyptischen oder mexikanischen Serie zur nächsten schalten! Gleich morgens wird der Fernseher angestellt, und am liebsten schläft man abends bei laufendem Programm vor ihm ein.

Kurz vor dem Essen erscheint auch noch Mubarak, der jüngste Bruder von Mariam. Er wirkt fröhlich und nimmt das Leben wohl etwas leichter. Er raucht, trinkt hin und wieder ein Bier oder Wein, was ja einem gläubigen Muslim untersagt ist, und manchmal gehört zum Abend mit Freunden auch Haschisch dazu. Nie würde er all das allerdings zu Hause wagen, denn die Familie ist sehr gläubig.

Mariam geht mit einem Metallbecken und einem Wasserkessel um den Tisch, und jeder wäscht sich vor der Mahlzeit die Hände. Bestecke benutzt man selten in den Familien und Tajine isst man traditionell mit der rechten Hand. „Allah hat uns ja schon eine natürliche Gabel gegeben", heißt es.

Mubarak bricht Stücke von dem großen, selbst gebackenen Fladenbrot und verteilt sie. Die Tajine kommt in die Mitte des flachen Tisches. Mit Schwung nimmt Mariam den kegelförmigen Deckel ab, und man freut sich über mein „Hmmm!".

Teller gibt es nicht. Mit einem Stück Brot tunkt jeder in die Soße und fischt sich damit das Gemüse und die Kartoffeln heraus, wobei es selbstverständlich ist, dass man sein Tajine-Terrain nicht verlässt. Zum Schluss gibt es das Fleisch, das so mürbe ist, dass Mariam es mit den Fingern zerteilen kann und jedem seinen Anteil zukommen lässt. Natürlich erhalte ich trotz meiner Proteste das beste Stück.

„Kuli, Marina, kuli – iss!," fordert Mariam immer wieder auf.

Das mache ich dann auch mit großem Appetit, denn alle in dieser Familie sind ausgezeichnete Köche.

Nach dem Essen ist der Tisch, der vorsorglich mit einer Plastiktischdecke abgedeckt ist, übersät mit Brotresten, Olivenkernen und Knochen. Sorgsam wird das Brot gesammelt. Es ist heilig und wird nie weggeworfen. Ist es zu alt, um noch gegessen zu werden, legt man es in einer Tüte vor die Tür, und es finden sich immer Abnehmer, die es an ihr Vieh verfüttern.

Jetzt trägt Souad einen Teller voller Früchte herein, und man schmeckt, dass die süßen, saftigen Apfelsinen und kleinen aromatischen Bananen keine langen Transportwege hinter sich haben.

Am Ende der Mahlzeit rülpst die Dame des Hauses kurz und vernehmlich. „Hamdullah", sagt sie erleichtert. Allah sei gedankt.

Danach streckt sie sich auf dem Diwan aus, um ein Nickerchen zu machen. Auch ich werde mit einer einladenden Handbewegung dazu ermuntert, und Souad bietet mir sogar ihr Bett an. Doch ich verabschiede mich und werde zu Hause eine kleine Siesta halten.

„Unser Haus ist dein Haus", sagt Lalla Mina beim Abschied, als ich mich bedanke, und ich solle bald wiederkommen – Freitag zum traditionellen Couscousessen.

Hamam

Auf halber Strecke des Weges zwischen Mhamid und Zagora bringt sich die Sahara noch einmal in Erinnerung und schickt uns einen Sandsturm hinterher.

Er verschluckt das Sonnenlicht, überzieht die Welt mit einem undurchdringlichen braunen Nebel. Der Sturm peitscht den Sand gegen die Windschutzscheibe, wir können nur im Schritttempo fahren. Manchmal scheint die Straße nicht mehr vorhanden zu sein, eine düstere, rötliche Wand zwingt uns anzuhalten, dann wieder beruhigt sich die aufgewühlte Natur für einen Augenblick, um gleich danach erneut mit noch größerer Heftigkeit loszubrechen.

Manchmal dauert ein Sandsturm tagelang, dringt durch jede Ritze, die Landschaft scheint nur noch aus Sand zu bestehen, er ist überall, hüllt alles ein, nur schwer kann man sich schützen.

Ob ich es einmal in der Wüste erleben werde? Ganz wohl ist mir allerdings bei dieser Vorstellung nicht. Doch jetzt sitzen wir halbwegs sicher im Auto, und irgendwann erreichen wir Zagora.

Schon während der Wüstenwanderung tauchte einige Male der Gedanke an einen Besuch im Hamam, dem traditionellen Dampfbad, in mir auf.

Bei völlig fehlenden sanitären Möglichkeiten während der Wüstentage, nur mit Feuchttüchern ausgestattet, hatte ich die Vision von einer Oase der Ruhe und Entspannung; einem Raum mit Mosaiken, sanfter Massage, einem Ort orientalischer Sinnlichkeit. Ich dachte an Ingres Bild *Das türkische Bad*, plätscherndes Wasser in Marmorbecken und Wohlgerüche. Seit Langem hatte ich mir gewünscht, einen Hamam zu besuchen, vielleicht wäre jetzt in Zagora die Gelegenheit dazu.

Ich frage Ibrahim.

„Bien sûr, es gibt einen schönen Hamam hier. Kein Problem, ich werde alles für Dich regeln."

Am Nachmittag fegt der Sturm immer noch durch die Stadt und die Luft hat die Lehmfarbe der Häuser angenommen. Die Straßen und Menschen wirken verschwommen.

Ibrahim fährt mit mir in seinem uralten R4 durch ein Gassengewirr, in dem ich keinerlei Orientierung habe. Vor einem unscheinbaren Gebäude hält er an, steigt aus und verschwindet für einen Moment im Eingang. Zwei Frauen gucken neugierig um die Ecke. Ibrahim verhandelt mit ihnen, dann gibt er mir ein Zeichen, dass ich kommen soll. Schnell nehme ich neue Wäsche, Duschgel und Shampoo aus meinem Rucksack und laufe auf die kleine Gruppe zu.

„Es ist alles in Ordnung. Ich lasse dir später ein Handtuch bringen und hole dich in eineinhalb Stunden wieder ab. Leider ist es etwas voll – die Woche vor dem Opferfest … Du weißt ja."

Ich nicke, ein Windstoß weht mich in den Eingang, und dann bin ich allein und zum ersten Mal in einem Hamam.

Der schmucklose Raum, in dem ich mich befinde, ist fast quadratisch, ziemlich hoch und halbdunkel. Ringsherum an den Wänden stehen Bänke, die über und über mit Kleidung, Handtüchern, Frauen und Kindern beladen sind. Hier beginnt und endet der Aufenthalt im Hamam.

Stimmengewirr. Die rau klingende Berbersprache wird durch Kindergeschrei übertönt. Einige Frauen haben die Reinigungszeremonie schon hinter sich, ruhen in ein Handtuch gewickelt noch ein wenig, andere sind bis auf den Slip nackt.

Ich fühle mich befangen und beobachtet.

Eine ältere Frau kommt auf mich zu und zieht mich in eine Ecke. Sie bedeutet mir, dass ich mich dort ausziehen soll. Es ist unglaublich eng, nass und sehr warm. Wenig später bin auch ich nur noch mit meinem Slip bekleidet und komme mir mit meiner hellen Haut farblos und fremd zwischen all den braunen und dunkelhäutigen Gestalten vor.

Die Frau hat inzwischen meine Sachen zu einem handlichen Bündel verpackt und winkt mir, ihr zu folgen. Auch sie hat ihr Kleid ausgezogen. Voller Erwartung, wenn auch etwas unsicher, gehe ich mit.

Und dann gerate ich in ein ungeahntes Szenario – und mein erster Gedanke ist Flucht. Feuchte Hitze schlägt mir entgegen, dämmriges Licht verwischt die Konturen, macht die Szene unwirklich. Vor mir ein großer Raum mit einfach gefliesten Wänden und Terrazzoboden, auf dem dicht an dicht Frauen zu zweit, in kleinen Gruppen mit und ohne Kinder sitzen oder liegen, vor sich Eimer mit Wasser. Ein kleiner Junge steckt in einem blauen Plastikeimer, schreit aus Leibeskräften, will nicht gewaschen werden, nur sein Kopf mit den schwarzen Haaren ist zu sehen.

Es ist entsetzlich eng, übervoll, die Frauen berühren sich fast gegenseitig und nur noch die großen Plastikeimer mit heißem und kaltem Wasser, Shampooflaschen und Badeschuhe finden zwischen ihnen Platz. Überall Wasser, es tropft von der Decke, scheint auf dem Boden zu stehen, fließt nur unmerklich ab und trägt ein Seifenschaumgemisch mit sich, in dem auch Kekspapier und Orangenschalen schwimmen.

Der Lärm ist ohrenbetäubend. Kinder, die sich mit aller Kraft gegen die Waschprozedur wehren, kreischen, Frauen lachen und rufen sich etwas zu, und von den Wänden wird diese Hamammusik wieder in den Raum zurückgeworfen.

Hatte ich je die Vorstellung von Ruhe und Entspannung?!?

Was um alles in der Welt will ich hier? Hier gehöre ich nicht hin. Das werde ich nicht überstehen!

Mit geübtem Blick hat meine Hamamfrau ein freies Plätzchen entdeckt.

Eine Mutter mit ihren beiden Töchtern rückt bereitwillig ein Stück zur Seite, die Hamamfrau schiebt mit einem Schrubber einige Apfelsinenschalen und auch ein Büschel Haare in eine andere Ecke und deutet auf den Steinboden. Ich soll mich setzen. Sie geht und lässt mich allein. Ziemlich ratlos und fast ein wenig verzweifelt sitze ich da. Steif, unsicher, fremd.

Lauwarmes Wasser, von irgendwoher, umspült mich. Den Gedanken an Keime, Pilze, Bakterien und unbekannte Krankheiten verdränge ich mit Entschiedenheit. Auch den Satz „Du wolltest es so, das hast du jetzt davon", den mir eine innere Stimme zuraunt, will ich nicht zulassen.

Ich wage einen Blick in die Runde, bemerke die neugierigen Mienen, lächle, und das Lächeln wird erwidert. Man nickt mir zu – aufmunternd, wie es scheint.

Frauen jeden Alters sind hier versammelt, kleine, große, dicke und verbogene, schlanke und grazile, hässliche, schöne und abstoßende. Junge, voll erblühte Mädchen mit herrlichen langen Haaren sitzen neben Greisinnen, üppigen Matronen mit riesigen schweren Brüsten, Schwangeren und ausgezehrten, hageren Frauen. Auffallend bei allen ist ihre schöne, glatte Haut. Es herrscht Einvernehmen und große Solidarität zwischen ihnen. Viele Frauen schrubben sich gegenseitig den Rücken, waschen die Alten und kümmern sich um die Kinder. Dabei wird pausenlos geredet und gelacht.

Für die Frauen ist der Hamam ein Ort der Freiheit. Hier ist man unter sich, ungestört; hier findet die wohlverdiente Unterbrechung des täglichen Einerleis statt. Auf diesen Badetag wartet man, verabredet sich und genießt ihn in vollen Zügen. Man erledigt nicht nur die Waschzeremonie, was wäre sie ohne die anderen?! Man trifft sich, hört Neuigkeiten, erfährt den aktuellen Klatsch, isst dabei Gebäck und Orangen, und manche Frau schaut sich schon einmal nach einer möglichen Schwiegertochter um. Viele Frauen bleiben stundenlang. Früher boten die Hamambesuche oft die einzige Möglichkeit, das Haus zu verlassen.

Jetzt bahnt sich meine Hamamfrau den Weg zwischen den Sitzenden und Liegenden zu mir; in jeder Hand einen großen Eimer voll Wasser.

Ehe ich mich versehe, gießt sie mir mehrere Becher Wasser über den Kopf, drückt mir etwas Seife in die Hand – Schmierseife, wie es scheint – und verlässt mich wieder, nachdem sie mir mit Gesten bedeutet hat, dass ich mich waschen soll. Endlich bin auch ich beschäftigt, fühle mich nicht mehr so überflüssig und versuche, mich mit der gleichen Hingabe und Langsamkeit zu waschen wie meine Nachbarinnen.

Die beobachten meine Bemühungen und lächeln.

Das kleine Mädchen neben mir sieht mich immer wieder verstohlen an. Für sie bin ich wahrscheinlich sehr fremdartig.

„Smitik?“, frage ich sie.

„Fatima“, flüstert sie zurück.

„Anâ Marina“, – ich bin Marina.

Alle nicken wohlwollend. Ich reiche mein Shampoo rüber, das großes Interesse erweckt und sofort ausprobiert und weitergereicht wird. Das Eis ist gebrochen.

Gerade als ich mich frage, wie lange ich noch meine Arme und Beine waschen soll – habe ich es jemals so lange getan? –, kommt meine Betreuerin zurück.

Das wäre geschafft, denke ich erleichtert und rapple mich hoch, doch sie gibt mir Anweisung, mich lang auf den Boden zu legen. Das hinter mir sitzende junge Mädchen zieht ihre Beine etwas an. Nun ist Platz!

Vielleicht kommt jetzt zum Abschluss noch eine leichte Massage zur Entspannung, überlege ich, bin dazu bereit, schließe die Augen, lasse zu, dass die Hamamfrau sich ganz nah neben mich setzt und meinen rechten Arm nimmt.

Auf das, was dann kommt, bin ich nicht vorbereitet.

Ohne Vorwarnung beginnt sie mit Schmirgelpapier, wie mir scheint, meinen Arm zu bearbeiten, den ich ihr am liebsten entreißen möchte. Wieder und wieder bürstet sie ihn mit einem groben Waschhandschuh bis zu den Fingerspitzen, entwickelt ungeahnte Kraft und Ausdauer, hört nicht auf. Leichte Panik überfällt mich. Ich bin überzeugt, dass nordeuropäische Haut einer solchen Tortur nicht gewachsen ist.

Vorsichtig wage ich einen Blick. Wird nach dieser Behandlung überhaupt noch Haut vorhanden sein?

Fast macht sich ein wenig Verzweiflung breit. Da liege ich, weit weg von Deutschland und irgendwem, der mir helfen könnte, in einem versteckten Hamam in Zagora, fast am Ende der Welt.

Waschwasser umspült mich, ich verstehe kein Wort, weiß nicht, was noch geschehen wird. Doch bei der Vorstellung, was man wohl sagen würde, wenn man mich hier so sähe, muss ich innerlich lachen. Galgenhumor. Ich beschließe, mich dem Geschehen zu überlassen, habe ja auch keine andere Wahl, es als Erfahrung zu sehen und vielleicht sogar schön oder zumindest exotisch zu finden.

Nach und nach gelingt es.

Die Hamamfrau klopft mir auf die Schulter. Ich schlage die Augen auf. Sie deutet auf meinen Arm, der voll kleiner, schwarzer Schmutzröllchen ist, murmelt etwas und wendet sich dann dem linken Arm zu.

Es ist mir entsetzlich peinlich, ich schäme mich. Was wird sie über den Pflegezustand der ausländischen Frauen denken? Mehrmals sage ich das Wort „Sahara", um zu erklären und mich zu entschuldigen. Vielleicht versteht sie es. Allerdings bemerke ich keine Reaktion.

Nach dem linken Arm kommt das rechte Bein. Meinen Fuß legt sie sich dabei auf die Schulter. Es gibt kein Entkommen. Jeder Zentimeter meines Körpers wird durch den Rubbelhandschuh porentief gereinigt. Den Gedanken, wer vor mir mit diesem Handschuh gewaschen worden ist, verdränge ich wieder schnell.

„Mezian", gut, sage ich. Es klingt etwas kläglich.

Alle lachen und sind begeistert. „Sie sagt *mezian*", flüstern sie einander zu.

Langsam finde ich Gefallen an der Prozedur, lasse mich ausgiebig mit warmem Wasser begießen und immer wieder mit Seife einschäumen.

Noch kurz gereckt und gezogen, gebeugt und gestreckt und dann bin ich fertig. Fast bedaure ich, dass ich nicht noch bleiben kann, wie die anderen Frauen, aber nach einem Abschiedslächeln in die Runde schlüpfe ich in die Badeschuhe der Hamamfrau, die sie für mich ausgezogen hat, und folge ihr in den Umkleideraum.

Erst jetzt wird mir bewusst, wie erhitzt ich bin, der Kreislauf ist auf das Angenehmste angeregt, der Raum erscheint mir kühl und wohltuend.

Gerade als mir die Hamamfrau ihr Handtuch, dessen Farbe schon nicht mehr zu erkennen ist, zum Abtrocknen geben will, bringt mir ein junges Mädchen ein großes, duftendes, weiches Handtuch von Ibrahims Schwester. Ich fühle mich unglaublich gut, bin wohlig erschöpft und gleichzeitig erfrischt und weiß ganz sicher, dass ich bei der nächsten sich bietenden Gelegenheit wieder in den Hamam möchte – dann aber von Anfang an entspannt!

Ibrahim hat vorsorglich auch noch seinen Burnus mitgegeben. Unter Mithilfe einiger Frauen wird mein Tuch gebunden, der Burnus richtig umgelegt, es gibt noch einen Klecks Nivea-Creme ins Gesicht, die Hamamfrau wird bezahlt und erhält als Geschenk das Shampoo, und mit „Salam, Salam!" stehe ich nach meinem Abenteuer zufrieden und auch ein wenig stolz im Sandsturm auf der Straße.

Ibrahim wartet in seinem R4, an dem die Türen nicht mehr richtig zugehen. Er hat Orangen für mich. Das ist die richtige Erfrischung nach dem Hamam. Er sieht mich an und sagt: „Es ist Tradition, eine Frau zu küssen, wenn sie aus dem Hamam kommt."

Er tut es, küsst mich links und rechts auf die Wange, und ich finde Hamam und die Tradition wunderschön.

Besuch vom König

Nun kommt er endlich – der König!
Die Stadt ist vor lauter roten Fahnen kaum noch zu entdecken. Seit Wochen wird geputzt, gemalt, gebaut und aufgeräumt. Die verwahrlosten öffentlichen Gärten werden gejätet, Lastwagen karren Büsche, Blumen und hohe Palmen heran, alles wird neu bepflanzt, sogar entlang der großen Verbindungsstraße, und der Müll wird eingesammelt. Nichts Hässliches soll den Blick des jungen Königs stören. Die Stadt ist bereit.

Schon morgens warten einige Menschen vor dem Palais des Gouverneurs. Hierher wird der Konvoi kommen, der König das Auto verlassen, und da sichert man sich besser rechtzeitig einen guten Platz.

Fast alle Geschäfte in der Medina haben geschlossen, selbstverständlich auch die Behörden und Banken. In einigen Schulen sind seit Tagen Polizei und Militär einquartiert. Maroc Telecom und 2M, der Fernsehsender, haben hohe Antennen aufgerichtet. Riesige Lastwagen parken gegenüber der Residenz. Sie haben die nötige Ausstattung herbeigeschafft. Ein großer Tanklastzug mit der Aufschrift eines bekannten Mineralwassers steht neben dem Fahrzeug der Catering-Firma aus Casablanca. Vielleicht gibt es auch extra königliches Wasser?

Pausenlos drehen Abschleppwagen ihre Runden. Heute wird gnadenlos jeder Falschparker auf den Haken genommen, und natürlich ist entlang des Weges, den Mohamed VI. fahren wird, überall Halteverbot. Noch schneller und geschäftiger als sonst scheinen an diesem Morgen die kleinen Taxis und Droschken unterwegs zu sein. Sie sind festlich mit Fähnchen und Bändern geschmückt, von den meisten Windschutzscheiben lächelt der König, und alle Fahrer haben zur Feier des Tages blaue Hosen und Jacken an. Das soll von jetzt an immer so sein. Weiß man so doch, wer der Chauffeur ist.

Entlang der Absperrungen haben in regelmäßigen Abständen Polizisten Stellung bezogen. Noch sehen sie den Mädchen nach. Die sind heute besonders schön angezogen. Arm in Arm mit ihren Freundinnen und oft kichernd, genießen sie diesen besonderen Tag und die Aufmerksamkeit. Auch viele Männer tragen ihre weißen Festtagsdjellabas und geben sich würdevoll.

Vom Strand hört man vereinzelte Böllerschüsse.

Die gesamte Fischereiflotte läuft aus. Gut zwanzig Fischkutter werden von unzähligen kleinen, ortstypisch blauen Booten begleitet – auch sie alle mit Fahnen geschmückt. Sie fahren an der vorgelagerten Insel vorbei und nehmen Kurs auf Diabat. Dort wird der König den ersten Spatenstich für ein ehrgeiziges Projekt tun, das bis 2012 eine touristische Zone mit 6000 Betten und zwei Golfplätzen plant. Ein Unterfangen, dem ein wunderschönes, unberührtes Stück Natur geopfert werden muss und das auch Essaouira verändern wird. Aber der Tourismus ist die große Hoffnung. Verspricht er doch Arbeitsplätze und damit zunehmenden Wohlstand. Gegenargumente werden so gar nicht erst laut.

Langsam schwillt die Menschenmenge an.

Wasserverkäufer mit Tonkrügen sind unterwegs. Händler, die kleine marokkanische Fahnen anbieten, haben ihre

Bestände in wenigen Minuten verkauft und rennen, um Nachschub zu organisieren. Sie machen heute das Geschäft des Jahres. Der Gebäckverkäufer befördert seine Kekse auf einem alten Kinderwagengestell, auch das ist mit roten Bändern verziert, und oben auf dem Erdnussgebäck prangt in einem goldenen Papprahmen ein Foto des Königs. Fußballmannschaften in bunten Trikots stellen sich auf, Kinder quengeln, massige Frauen rammen sich nach vorn, viele Touristen mischen sich unter die Schaulustigen. In regelmäßigen Abständen spielen Musikgruppen, Gnaouamusiker hämmern auf ihre Trommeln und lassen die Quasten ihrer bunten Mützen wild kreisen. Es herrscht eine heitere, erwartungsvolle Stimmung.

Man sieht nicht einen einzigen Bettler. Wo sind sie heute?

Vor der Residenz hat die Palastgarde schon längst Aufstellung bezogen. Sie wirkt wie aus einem Märchen aus Tausendundeiner Nacht – farbenfroh und sehr orientalisch –, aber noch lässt der Konvoi auf sich warten.

Es wird zunehmend heißer, doch niemand scheint ungeduldig zu werden, Zeit spielt keine Rolle. Inschallah wird der König schon irgendwann kommen und dann war man dabei, kann davon erzählen und das gibt Gesprächsstoff für viele Tage.

Plötzlich schwappt wie mit einer Welle Bewegung in die wartende Menschenmenge. Man richtet sich auf, drängelt, schubst und schiebt, um wirklich sehen zu können, denn die Motorradeskorte auf schweren BMW-Maschinen donnert heran. Schwarz glänzende Mercedeslimousinen folgen, und als man in einer den jungen König entdeckt, bricht der Jubel los. Doch kaum ist er aufgeflammt, ist der auch schon im Palais verschwunden, nachdem er huldvoll mit der Hand gewinkt hat.

Nur zögernd löst sich die Menge auf. Es ist so schnell gegangen.

Zurück bleiben eine Erinnerung und Gärten, die schon nach wenigen Tagen verdorrt sein werden, da niemand daran denkt, den neuen Pflanzen Wasser zu geben.

Rue Laayoune

Verlässt man die Medina von Essaouira durch das Bab Doukala, eines der vier Stadttore, kommt man in ein Viertel mit neueren Häusern und Geschäften.

Ein Jahr wohne ich hier in der Rue Laayoune, nur fünf Minuten von der Altstadt entfernt.

Wie fast überall im Land sind die Häuser aneinandergereiht um einen Lichtschacht gebaut. Sie sind überwiegend weiß getüncht, schmucklos und wirken mit ihren geschlossenen Fensterläden immer etwas abweisend. Jedes Haus hat zwei nebeneinanderliegende Türen. Eine führt in das Erdgeschoss mit kleinem gekacheltem Innenhof. Legt man den Kopf in den Nacken, sieht man den Himmel. Die andere ist für die erste und zweite Etage bestimmt.

In einem dieser Häuser habe ich eine Wohnung oben auf der Dachterrasse gefunden. Das Haus zeichnet sich durch die hässlichste und ungepflegteste Haustür in der gesamten Nachbarschaft aus. Anfangs war diese Tür allerdings recht hilfreich, an ihr orientierte ich mich und erkannte sofort, wo ich wohnte. Hausnummern, wie bei uns, sind selten.

Die Wohnung hat Charme und viele Mängel, die wir in Deutschland nicht einen Tag hinnehmen würden. So steht bei Regen jedes Mal mein Flur unter Wasser, da die Fenster – obwohl recht hübsch – völlig undicht sind. Doch man nimmt solche Dinge gelassen; schließlich ist der Boden gefliest, es gibt einen Abfluss und außerdem regnet es höchstens drei Wochen im Jahr. Wozu sich also aufregen …

Die Rue Laayoune ist eine lebhafte Straße voller Werkstätten, Hanouts und Kramläden, die Stoffe, Bekleidung oder Küchenartikel anbieten. *Hanouts* heißen die winzigen Lebensmittelgeschäfte, in denen der Besitzer inmitten seiner Waren thront. Will er seinen Laden betreten, kriecht er durch eine Öffnung im Verkaufstresen oder schwingt sich sportlich darüber. Die Kunden werden an diesem über und über mit Brot, Joghurtbechern und Kekspackungen beladenen Tresen bedient.

Hier findet man alles für den täglichen Bedarf, und sicher auch Dinge, die man nie vermuten würde.

Die Hanouts machen auf mich immer einen geheimnisvollen Eindruck. Besonders am Abend, wenn innen Licht brennt, manchmal nur eine Gaslampe. Einige sind so ärmlich, bieten nur das Allernötigste an, und man fragt sich, wie es dem Besitzer gelingt zu überleben. Andere haben ein reichhaltiges Warenangebot und sogar einen Kühlschrank. In allen hängt das Bild Mohamed VI., des neuen Königs. Oft noch neben einem Foto seines verstorbenen Vaters Hassan II.

Schon früh morgens öffnen sie, verkaufen warmes Baguette oder köstliches Maharasch, ein Brot aus Gerstenschrot. Es gibt Milch, Öl, verschiedene Sorten grünen Tees – Grundlage für den täglichen Minztee –, Waschmittel auch in winzigen Mengen, Schmelzkäseecken, große gefüllte Gasflaschen, Eier und Einwegfeuerzeuge. An einer Leine hängen kleine Einmalpackungen mit Shampoo, Duschgel und Meister Proper, Besen baumeln neben der Tür, in Säcken wird Mehl, Zucker oder Reis gelagert, in Gläsern warten Bonbons und einfache Süßigkeiten auf kleine Kunden; selbstverständlich kann man auch nur einen Bonbon erstehen, man erhält Butter grammweise, für das Öl zum Frühstück steht ein winziges Maß bereit, und für einen Dirham wird ein Riegel Schokolade von einer Tafel abgebrochen.

Noch spät am Abend können Kunden kommen, und erst gegen elf Uhr werden die Fensterläden geschlossen und mit einer Eisenstange gesichert. Manch ein Besitzer legt sich dann eine Matte auf den Boden, rollt sich in eine Decke und schläft in seinem Geschäft, wenn der Weg nach Hause zu weit ist.

Natürlich wird jeder Einkauf sofort in die grässlichen schwarzen Plastiktüten verpackt, und man schaut immer etwas skeptisch, wenn ich den Kopf schüttle und auf meinen Korb deute. Ein Umweltbewusstsein ist überhaupt nicht vorhanden. Da wartet eine Riesenaufgabe auf das Land.

Allerdings gibt es eine Art natürliches Recycling: Alles wird irgendwie weiterverwendet. Die Plastikflasche wird durchgeschnitten und dient als Gefäß für Farbe, der obere Teil zum Beispiel als Trichter. Zeitungspapier wird gesammelt und an die Händler abgegeben, die darin Minze und Koriander einwickeln. Kaufe ich einige köstliche gesalzene Mandeln, wird ein Tütchen aus einer alten Schulheftseite gedreht, das mir dann mit einer großen Geste gereicht wird. Einmal war es ein Blatt Papier, auf das Weihnachtslieder der katholischen Gemeinde für das Fest 1987 gedruckt waren. Ich erhielt es 2003!

Meiner Wohnung gegenüber liegt der Hanout von Sidi Mohamed. Bei ihm kaufe ich morgens frisches Brot zum Frühstück. Er ist Berber und versucht häufig, mir einige Worte seiner Sprache beizubringen. Leider bin ich nicht sehr sprachbegabt und habe die Lektion schon wieder vergessen, bevor ich oben auf meiner Terrasse angekommen bin.

Es gibt noch zwei weitere Läden mit sehr freundlichen Besitzern, und ich gebe mir wirklich Mühe, meine bescheidenen Einkäufe gerecht unter ihnen zu verteilen.

Aussichtslos scheint aber die Suche nach Pflanzen für die kleine Terrasse zu sein, und etwas wehmütig denke ich an unsere gut gefüllten Gartencenter, in denen auch der noch so exotischste Wunsch erfüllt wird.

Doch eines Tages, ich habe meine Streifzüge ausgedehnt, sehe ich auf einem verlassenen und heruntergekommenen Platz ganz hinten einen grünen Fleck. Zielstrebig gehe ich darauf zu, und tatsächlich verkauft ein junger Mann hier einige Pflanzen. Es gibt Hibiskus, Rosmarin und Oleander. Sie wirken ein wenig verloren in dieser staubigen Umgebung. Ich bin begeistert und kaufe sofort. Wie durch ein Wunder sind auch hübsche Tontöpfe da, in die mit einer Spitzhacke ein kleines Loch geschlagen wird. Meine Frage nach Erde löst etwas Verwunderung aus. Der Mann beschreibt mit einer Handbewegung einen weiten Bogen. Als daraufhin ich verständnislos gucke, nimmt er die Spitzhacke, lockert den verkrusteten Boden, findet dabei noch ein altes, rostiges Küchenmesser, das er behält, und füllt die Erde, die so gar nicht mit meinen Vorstellungen von Blumenerde übereinstimmt, in die Töpfe. Von irgendwoher kommt wie durch Zauberei jemand mit Wasser. Schnell ist alles eingepflanzt, ein Lastträger steht schon bereit, und lachend und zufrieden gehe ich neben dem Karren her.

Ganz in der Nähe meiner Wohnung überragt das Minarett einer großen Moschee das Viertel, und der Ruf des Muezzins ist fünfmal am Tag deutlich zu vernehmen.

Manchmal weckt mich der Ruf zum Morgengebet bei Sonnenaufgang. Allahu akbar – Gott ist groß. Im Halbschlaf lausche ich dem Auf und Ab der Stimme. Häufig wird vor dem eigentlichen Gebetsruf am Morgen noch eine Art Lobgesang auf Allah und den Propheten angestimmt. Das ist ein Augenblick, den ich sehr mag. Weit weg fühle ich mich dann, bevor ich mich, begleitet von dem Gesang, wieder in den Schlaf zurückfallen lasse.

Leider gibt es aber auch einen Muezzin, der eine sehr unschöne Stimme hat, die Worte ausspeit, sodass sie – zusätzlich verzerrt durch den Lautsprecher – fast aggressiv klingen und mir damit immer wieder für einen Moment den Tag verderben.

Zu den Gebetszeiten schließen die meisten Ladenbesitzer und besuchen die Moschee. Zum Zeichen, dass sie für einige Minuten abwesend sind, wird einfach ein Besen schräg in die Tür geklemmt oder ein Tuch über die Waren gebreitet.

Nicht weit von der Moschee befindet sich das wohl sauberste und gepflegteste Geschäft der Straße. Ein junger, strenggläubiger Mann bietet dort Kaffee, Gewürze, verschiedene Honigsorten und Naturheilmittel an. Die Gläser, in denen er Sternanis, Kardamom, Zimtrinde, Kreuzkümmel, getrocknete Ingwerwurzeln und unzählige andere Gewürze aufbewahrt, sind mit Etiketten in schöner arabischer Schrift beklebt. Seine Spezialität ist *Ras el Hanout* – eine Mischung der unterschiedlichsten Gewürze –, deren Zusammensetzung der Stolz und das Geheimnis eines jeden Händlers ist. Die Scheiben der Vitrinen, in denen geheimnisvolle Tinkturen und Töpfe mit Cremes und Salben aufbewahrt werden, sind blitzblank, und überall stehen Pflanzen in Tontöpfen, um die er sich sorgfältig kümmert. Obwohl ich seinen Namen nicht kenne, begrüßen wir uns immer wie gute Bekannte, und anscheinend freut er sich jedes Mal über meinen Besuch. Dabei verliert er nie die Distanz, wie man es leider auch erlebt.

Er hat bereits die große Pilgerreise nach Mekka unternommen – vier Wochen blieb sein Geschäft geschlossen –, trägt immer eine Djellaba und Kopfbedeckung und lässt seinen Bart als Zeichen seiner Frömmigkeit lang wachsen.

Bei Freunden auf dem Land besorgt er für mich reines Olivenöl, das noch traditionell gepresst wird, oder das wertvolle Arganöl, das nussig schmeckt und vielen Gerichten ein besonderes Aroma verleiht. Zusammen mit ein wenig frischem Brot ist es ein köstliches und sehr gesundes Frühstück. Der Arganbaum, eine uralte Kulturpflanze, wächst nur im Südwesten des Landes, und Ernte und Ölgewinnung sind sehr mühsam.

Mein direkter Nachbar ist ein korpulenter Mann mittleren Alters mit dem Gesichtsausdruck einer freundlichen Ratte. Er schätzt die Arbeit nicht besonders, sitzt lieber auf einem wackligen Hocker vor seiner Tür, trinkt Tee und beobachtet die vorbeigehenden Frauen. Als ich einzog, war er noch Inhaber eines kleinen Friseurgeschäftes, in dem ich allerdings nie jemanden sah. Jetzt verkauft er Plastiktischdecken, Wischlappen, einzelne Windeln und Krimskrams für wenige Dirham. Nun gehören die Frauen zu seinen Kunden, und das scheint ihm besser zu gefallen, als Männern die Haare zu schneiden oder sie zu rasieren.

Er ist neugierig. Verließ ich in den ersten Wochen das Haus, kam er wie ein Wiesel aus dem Laden geschossen, um mir sein „Ça va, Madame?“ entgegenzustrahlen.

Sehr schnell erfahre ich, dass er gern heiraten würde, natürlich am liebsten eine Europäerin – wobei er die Deutschen am meisten bewundere ... Ich wünsche ihm von ganzem Herzen viel Erfolg und Glück. Selbstverständlich hat er längst Frau und Kinder, aber warum nicht einmal einen Versuch wagen. Inzwischen hat er die Hoffnung wohl aufgegeben und bleibt meistens in seinem Laden, wenn ich vorbeigehe.

Einige Häuser entfernt bietet ein anderer Mann ähnliche Dinge zum Verkauf an. Doch sowohl er als auch seine Waren sind viel bescheidener. Er muss ungeheuer kurzsichtig sein, trägt eine Brille mit den dicksten Gläsern, die ich je gesehen habe, und hält sich zum Lesen sein Buch trotzdem noch ganz nah vor die Augen. Dieser Mann ist mir sympathisch in seiner stillen, zurückhaltenden Art. Er hat nicht viel Kundschaft, sitzt in seinem Geschäft und liest unentwegt, meistens den Koran, wobei er die Lippen bewegt. Ich würde gern ab und zu etwas bei ihm kaufen, weiß aber nicht so recht was.

Noch Jahre später, als ich schon längst eine andere Wohnung habe, grüßt er höflich und schlägt dabei die Augen nieder.

Ein Stückchen weiter wartet Ibrahim hinter seinem Computer auf Kunden. Fast immer – auch bei 25 Grad – trägt er einen kurzen, etwas altmodischen grauen Wintermantel. Da er auch einen Kopierer besitzt, haben wir uns kennengelernt. Er übernimmt Schreibarbeiten und gibt Computerkurse. Das Geschäft läuft aber nicht so richtig, und so verkauft er jetzt auch zusätzlich einzelne Plastikwindeln. Eine Sache, die sich wohl lohnen muss. Hin und wieder plaudern wir ein wenig und trinken gemeinsam ein Glas Tee.

Schräg gegenüber arbeitet ein dunkelhäutiger Mann unermüdlich in seiner kleinen Tischlerei. Er ist der Erste, der morgens in der Straße zu sehen ist. Ohne aufzublicken, ernst wirkend, vielleicht aber nur konzentriert, fertigt er runde Tische aus duftendem Thujaholz. Sie sind reich verziert mit komplizierten Intarsien aus Zitronenholz und Perlmutt. Auf mich wirkt er ein wenig einsam. Nur selten sehe ich andere Männer bei ihm stehen oder Tee trinken. Nach einigen Monaten sieht er von der Arbeit auf, wenn ich vorbeigehe, und schenkt mir ein schüchternes Lächeln.

In den Nebenstraßen gibt es unzählige solch winziger Holzwerkstätten. Es wird gehämmert, gesägt und mit Hingabe poliert. Berge von Thujadosen in allen Größen und Formen kann man bewundern, Tische, Tabletts, Kerzenleuchter stapeln sich. Wer kauft all diese Dinge?

Autos fahren nur wenige in meiner Straße, aber man muss sich vor den rasant und rücksichtslos die Fußgänger umkurvenden Rad- und Mopedfahrern in Acht nehmen, die hier von einer Bäckerei das Brot abholen und an die Geschäfte verteilen. Auf den Gepäckträgern sind riesige Körbe befestigt, in denen sie Baguettes oder Fladenbrote transportieren. Mehrmals am Tag weht der köstliche Duft von frisch gebackenem Brot durch die Straße und regt unweigerlich den Appetit an.

In jedem Viertel gibt es diese öffentlichen Backstuben, aus deren hohen Schornsteinen fast immer Rauch aufsteigt und die noch mit Holz beheizt werden.

Nicht weit hat sich an einer Ecke ein alter Mann eingerichtet, der einzelne Zigaretten anbietet. Er hat ein freundliches, ruhiges Gesicht, fröhliche Augen, und er ist arm.

Irgendwann bemerke ich, dass er an diesem Platz auf der Straße auch lebt. Abends breitet er ein Stück Pappe auf dem Boden aus, legt die Reste einer Decke über sich und schläft dort ganz friedlich. Morgens legt er seine Habe beiseite, nimmt einen kleinen Besen und fegt sehr sorgfältig sein

Zuhause. Irgendjemand aus der Nachbarschaft versorgt ihn zum Frühstück mit heißem Tee, manchmal einem Milchkaffee und einem Schälchen Öl, in das er sein Brot tunkt. Danach raucht er mit großem Genuss eine seiner Zigaretten. Freitags, dem islamischen Feiertag, isst er wie alle anderen auch einen Teller Couscous, den ihm eine der Nachbarinnen auf einem Tablett bringt. Manchmal bleiben Leute stehen, unterhalten sich mit ihm, und er wirkt zufrieden mit seinem Leben. Ab und zu lächeln wir uns an.

Der untere Teil der Rue Laayoune wird von elf Uhr morgens bis zehn Uhr abends mit arabischer Musik beschallt. Ein kleiner Laden, in dem ungeheure Mengen Musikkassetten die Regale füllen, macht so auf sich aufmerksam. Manchmal ist die Musik so mitreißend, dass man am liebsten ein paar Tanzschritte machen würde. Dieser Laden ist immer gut besucht.

Natürlich wohnen auch Familien in der Straße. Überall trifft man Kinder. Sie rennen, schreien, scheinen ständig irgendwie in Bewegung. Die Mädchen hüpfen über Gummibänder, machen kleine Singspiele, wobei sie sich gegenseitig auf die Hände klatschen, die Jungen spielen unter vollem Einsatz mit einer leeren Plastikflasche Fußball – manchmal dient als Ball auch ein Knäuel aus den allgegenwärtigen schwarzen Plastiktüten, mit Klebeband zusammengehalten – und mit großem Ernst werden Murmelwettkämpfe ausgetragen.

Der eine oder andere kecke Junge riskiert schon mal ein leises „Bonjour, Madame“; früh übt sich …

Die Frauen sieht man selten, höchstens morgens, wenn sie vor den Türen kehren oder mit blauen Plastikeimern bewaffnet in den Hamam gehen. Sie leben ihr zurückgezogenes Leben in den Häusern.

Gaukler, Schlangenbeschwörer und Musikanten ziehen ab und zu durch diese Straße. Dann öffnen sich hier und da einige Fenster, und eine Münze wird herausgeworfen.

Leben ist hier bis spät in den Abend, und verlasse ich meine Wohnung, tauche ich sofort in diese fremde, für mich immer noch spannende und faszinierende Welt ein, in der es jeden Tag etwas zu entdecken gibt.

Auf einem kleinen Souk in der Nähe kann man Obst und Gemüse kaufen, ein Huhn schlachten lassen, und hin und wieder findet man Rosen aus Marrakesch. Der Duft von frischer Minze weht herüber. Der Händler begrüßt mich mit Handschlag und empfiehlt heute die Minze aus Tiznit. Zu einem Berg aufgetürmt, liegt sie vor ihm. Im Winter legt er schon mal einen Stängel Absinth als Geschenk dazu, der dem Tee ein völlig anderes Aroma verleiht.

Inzwischen habe ich gelernt, dass man den Tee auch noch auf viele andere Arten zubereiten kann. Sehr gut schmeckt er, wenn man getrocknete Rosenknospen, ein wenig Zimtrinde, Thymian und ein paar Blätter Eisenkraut dazugibt. Kostbar und im Winter zusätzlich wärmend wird er durch einige Fäden Safran aus Taliouine. Im Frühjahr wurde er mir auf dem Land mit Orangenblüten angeboten, und den vielleicht stärksten Tee habe ich in der Sahara getrunken. Ist man durch die Hitze erschöpft oder trinkt ihn nach einer Wanderung am Ziel, erscheint er das Beste zu sein, das es gibt.

Mir gefällt das Leben in der Rue Laayoune. Sie ist eine kleine, komplexe Welt, eine Bühne, auf der immer Überraschendes geschieht – und für ein Jahr meine Straße.

Unterwegs

Warten. Geduldig warten am Straßenrand, bis irgendwann ein Bus kommt und anhält, vielleicht ein Sammeltaxi noch einen freien Platz hat.

Die vorbeirauschenden Autos wirbeln Staub und Sand auf. Nichts spendet Schatten, bietet Schutz vor der brennenden Sonne.

Europäer, die in ihren Mietwagen vorbeirauschen, werfen einen erstaunten Blick aus den Fenstern. Warum steht man hier? Hier ist doch nichts.

Ein paar Schritte entfernt hockt ein Mann neben einer Plastiktasche. Wie lange schon? Seine Fersen scheinen im Boden verankert. Er hat den Kopf gesenkt; die Unterarme entspannt auf den Knien, zeigt er keinerlei Regung. Ob er ahnt, wann es sich lohnt aufzusehen?

Ein herrenloser dürrer Hund trottet unbeeindruckt über die Straße. Bremsen quietschen. Gelassen sucht er sich einen Platz auf der anderen Straßenseite. Döst.

Für einen Moment ist Stille.

In der Ferne schreit ein Esel. Ist die Welt stehen geblieben, gerade in diesem Augenblick? Den Gedanken an Zeit versuchen auszuschalten, sie zählt hier nicht, man schenkt ihr keine Aufmerksamkeit. Was denkt man in Staub und Hitze?

Dann gibt die Welt sich einen Ruck. Ein blau-weißes Taxi taucht in der Ferne auf. Vielleicht stoppt es, es wäre schön. Doch der Fahrer winkt ab, alle Plätze sind besetzt.

Kein Bus weit und breit. Er hätte längst da sein müssen.

Wahrscheinlich ein Problem, meint ein Mann, der schon wartete, als ich kam. Er zuckt mit den Schultern. Es scheint Erklärung genug.

Noch ein Taxi und gleich darauf ein zweites. Ganz schnell ist die kleine Hoffnung vorübergebraust, verschwindet mit dem Aufblitzen der Rücklichter.

Als ich mich zu fragen beginne, was ich um alles in der Welt hier auf dem Land nur zu suchen habe, nähert sich langsam, aber laut hupend auf sich aufmerksam machend ein uralter Renault Transporter. Es müssen geheimnisvolle Kräfte sein, die ihn noch zusammenhalten. Leicht schlingernd und noch ein Stück rutschend kommt er nach einigen Metern zum Stehen. Mit Schwung und einer einladenden Geste öffnet der Beifahrer die Tür. Mit etwas mulmigem Gefühl steige ich ein.

Mindestens zwanzig Personen mustern mich neugierig; überwiegend sind die Fahrgäste Männer. Eine Frau lächelt mir zu. Es ist fast noch heißer als draußen, die Luft zum Schneiden.

Der Fahrer dreht sich um und sagt etwas. Ein Mann steht auf und überlässt mir seinen Platz. Um ihn zu erreichen, muss ich mich an den Stehenden vorbeizwängen, über zwei Säcke und eine Riesentasche steigen.

Mein Sitznachbar ist ein würdig aussehender alter Mann mit markanten Gesichtszügen und einer Adlernase. Seine blütenweiße Djellaba und die schön bestickte Kopfbedeckung scheinen nicht in diesen Bus zu passen. Er hält sein Enkelkind im Arm. Neugierig wagt die Kleine immer mal wieder einen Blick.

Aus den Lautsprechern dröhnt Berbermusik. Eine Folge weniger Töne wiederholt sich. Macht monotone Musik nicht müde? Ich hoffe, dass sie keine einschläfernde Wirkung auf den Fahrer hat.

Auf der Windschutzscheibe verhindert ein Labyrinth von Klebeband, dass sie herausfällt. Und damit alles gut geht, hängen Amulette und eine gestickte Koransure am Rückspiegel.

Noch einmal sehe ich aus dem Fenster – es gibt sogar Vorhänge gegen die Sonne! –, als der Transporter sich langsam und etwas kraftlos in Bewegung setzt, eine schwarze Abgaswolke zurücklassend.

Der Mann neben seiner Plastiktasche sieht nicht auf.

Entspannt lehne ich mich zurück, überlasse mich den Klängen der Musik, versuche das Fehlen der Stoßdämpfer durch geschickte Körperhaltung auszugleichen, bezahle zehn Dirham und weiß, dass ich – inschallah – in einer Stunde zu Hause sein werde.

Ramadan

Ein leiser Ton umkreist die Stadt, fernes Gesumm, das sie einhüllt.

Es ist kurz nach fünf Uhr morgens an einem Novembertag, und es ist Ramadan. Jetzt fällt von der Moschee in meiner Nachbarschaft der Muezzin mit schöner Tenorstimme ein, löst das Summen auf.

Allahu akbar – Gott ist groß.

Der Ruf zum Gebet und gleichzeitig Signal und Aufforderung zum erneuten Fasten.

Ich wickle mich fester in meine Wolldecke und versuche, noch ein wenig zu schlafen.

Um halb fünf hat mein Wecker geklingelt. Ich habe der Versuchung, liegen zu bleiben, widerstanden, mir eine warme Jacke übergezogen – die Räume kühlen nachts sehr aus und es gibt keine Heizung – und mir dann mein Frühstück bereitet. Mit dem Tablett krieche ich zurück ins Bett und genieße den ersten Schluck heißen, süßen Tees. Bis gegen achtzehn Uhr wird jetzt weder gegessen noch getrunken. Dieses Bewusstsein erhöht den Genuss. Der Tee gibt wohlige Wärme, und tatsächlich bin ich für jeden Schluck dankbar.

Ramadan – eine der fünf Säulen des Islam, den fünf Pflichten der Muslime.

Für sie eine besondere und wichtige Zeit. Ruhe, innere Einkehr und verstärkte Hinwendung zu Gott sollen die Fastentage bestimmen. Man macht sich bewusst, dass alles von Allah kommt, alles allein in seiner Macht liegt, nichts selbstverständlich ist, denkt an die Armen, gibt Almosen, und manch einer teilt seine Mahlzeit mit einem Bettler.

Von Neumond zu Neumond dauert der Ramadan. In dieser Zeit ist es den Muslimen zwischen Sonnenaufgang und Sonnenuntergang nicht gestattet zu essen, zu trinken, zu rauchen und Sex zu haben. Erst nach Sonnenuntergang wird das Fasten gebrochen.

Zwei, drei Wochen vor dem eigentlichen Beginn kündigt der Ramadan sich an. Es gibt Zeichen.

Plötzlich türmen sich vor den Haushaltswarengeschäften Berge von Plastikdosen jeder Größe; man braucht sie, um all die Köstlichkeiten im Kühlschrank unterzubringen. Kleine Teller und Suppenschalen aus chinesischem Porzellan machen sich auf dem Bürgersteig breit. Vermehrt sieht man die urwüchsig wirkenden Löffel aus Zitronenholz, nach denen man sonst schon einmal suchen muss – mit ihnen wird die *Harira*, die gehaltvolle Fastensuppe, gegessen. Für diese Suppe sind auch die Schalen bestimmt, und auf den Tellern werden sich bald die verschiedensten Leckereien häufen.

Zusätzliche Stände für Datteln öffnen. Der Prophet hat das Fasten immer mit einer Dattel gebrochen, und ohne sie wäre die erste Mahlzeit des Tages undenkbar.

In kleinen Holzkisten kommen sie aus den Oasen des Südens, aber auch weit gereiste aus fernen Ländern sind dabei. Man findet Früchte unterschiedlichster Größen, einige Datteln wirken ganz trocken, haben eine gelbliche Farbe, andere glänzen dunkel.

Treffe ich jetzt Bekannte, wird mir – fast so, als vertraue man mir ein Geheimnis an – zugeraunt: „Marina, Ramadan s'approche." Ich sehe ihn dann förmlich heranschleichen und um die nächste Ecke spähen.

Man freut sich auf diese Zeit, sie wird dem Alltag ein anderes Gesicht geben, Abwechslung bringen.

Irgendwann weht beim Bummeln durch die Stadt ein köstlicher, verlockender Duft nach Zimt und Gewürzen heran. Die ersten Hanouts verkaufen *Chebakia*, das traditionelle Ramadangebäck. Zu hohen Pyramiden dekoriert, verströmt es sein verführerisches Aroma. Es ist süß, in Honig getaucht, mit Sesam bestreut, klebrig und zur Harira gegessen unwiderstehlich.

An einem Sonntagnachmittag bin ich bei Rajas Familie eingeladen, um beim Backen zuzusehen. Rajas Mutter mischt die Zutaten für den Teig in einer flachen großen Holzschale, die sicher schon unzählige Ramadan erlebt hat und wunderschön ist. Es gibt keine Waage, keinen Messbecher. Die Maße für Mehl und Gewürze hat sie in den Fingerspitzen.

Die Frauen und ich hocken um einen niedrigen Tisch auf dem Boden. Für mich hat man fürsorglich ein Schaffell ausgebreitet. Es wird mit großer Ruhe gearbeitet. Jeder Handgriff stimmt. Riesige Bleche stehen bereit, die sich schnell füllen werden.

Der Teig wird hauchdünn ausgerollt und mit einem Teigrädchen in Rechtecke geschnitten. In diese werden Streifen geritzt und dann dreht und faltet man die Teigblätter in einer höchst komplizierten Weise, die ich nicht durchschaue, und es entsteht eine bizarre Form, die eine Rose darstellen soll. Es macht Freude, den Frauen bei der Arbeit zuzusehen. Alles wird mit Liebe und großer Sorgfalt gemacht, der Teig immer wieder gedreht, gerollt, gewendet und geprüft, bis er die richtige Stärke hat.

Später wird das fertige Gebäck in heißem Öl ausgebacken, in eine Honig-Sirupmischung getaucht und mit Sesam bestreut.

Mir läuft das Wasser im Mund zusammen, und gemeinsam mit Zacharias, dem kleinen schmächtigen Nachkömmling, darf ich schon einmal probieren.

Und dann ist er da, der Ramadan.

Eine Sirene nach dem Abendgebet kündigt ihn an. Man hört vereinzelte Freudentriller der Frauen, Autos hupen und ich habe eine Gänsehaut. Immer wieder klingelt mein Telefon. Es sind Freunde, die mir mitteilen wollen, dass es jetzt endlich soweit ist, und mir einen guten Fastenmonat wünschen.

Erst einmal mache ich mich auf den Weg in die Stadt, um einige Dinge für das morgige, sehr frühe Frühstück einzukaufen. Eine dicht gedrängte Menschenmenge schiebt sich durch die Straßen. Es scheint noch voller als sonst um diese Zeit zu sein. Vor den Geschäften mit Datteln und Chebakia ballt es sich. Ich kaufe Milch und Datteln aus dem Drâa-Tal. Wieder zu Hause, koche ich mir eine kräftige Getreidesuppe; mit ihrer Hilfe werde ich schon alles überstehen.

Am ersten Abend bin ich zum Fastenbrechen bei Abdelillahs Familie eingeladen. Abdelillah, Freund, Vertrauter, guter Geist, Helfer und manchmal auch Tröster in meiner neuen Welt. Immer zuverlässig, fröhlich, nie wird ihm etwas zu viel. Als er mich abholt, ist er traditionell gekleidet mit Djellaba und gelben Babouches, den klassischen Lederpantoffeln.

In Lalla Minas Haus in der Medina herrscht Betriebsamkeit. Die Vorbereitungen für *L'fotor*, das Frühstück, so nennt man diese Mahlzeit nach Sonnenuntergang, laufen auf Hochtouren. Kleine Teller werden mit Datteln und Feigen gefüllt, auf andere kommen hart gekochte Eier und *Slilo*, eine Mischung aus geröstetem Mehl, gemahlenen Mandeln, Sesam und vielen Gewürzen, nicht einfach zuzubereiten und sehr gehaltvoll.

Auf dem Herd köchelt die appetitanregend duftende Harira. Schüsselchen mit Pudding werden aus dem Kühlschrank geholt, Minze gewaschen, die Teegläser auf ein Tablett gestellt. Souad, Abdelillhas Schwester, bereitet kleine Crêpes, die anschließend mit flüssiger Safranbutter und Honig beträufelt werden.

Ich darf aus einem bis obenhin gefüllten Zehnliter-Eimer Chebakia nehmen und auf Teller legen, wobei aufmerksam beobachtet wird, ob ich auch alles hübsch arrangiere.

Der Wasserkessel summt, hüllt die Küche in Dampf. Kaffee und Tee sollen rechtzeitig fertig sein. Das selbst gebackene Brot wird noch warm aufgeschnitten, schnell noch eine Bananenmilch im Mixer fabriziert. Mariam legt goldgelb gebratene Fische auf eine Platte, noch den Kuchen und die Croissants, jetzt ist alles fertig. Der Tisch biegt sich.

Und dann endlich die Sirene, das ersehnte Zeichen, die den Ruf des Muezzins übertönt. Männer und Frauen nehmen jeder hastig eine Dattel, einige ziehen sich zum Gebet zurück, während andere gleich mit der Mahlzeit beginnen. Es wird mit Herzenslust, wie immer viel zu schnell und an diesem Tag natürlich auch viel zu viel, gegessen. Schließlich möchte man alles probieren, und so besondere Dinge wie heute gibt es nicht jeden Tag.

Selbstverständlich läuft während des Essens die ganze Zeit der Fernseher. Man kann zwar vor lauter Flimmern kaum etwas erkennen, doch dafür wird zum Ausgleich die Lautstärke erhöht. Auf keinen Fall darf man sich die allabendliche Seifenoper entgehen lassen.

Sowie sie fertig sind, stehen die Männer vom Tisch auf und verlassen das Haus. Die Frauen sind für einige Zeit mit dem Abwasch beschäftigt, bevor sie mit den Vorbereitungen für das Abendessen gegen 22 Uhr beginnen.

Als ich mich satt und müde spät abends auf den Heimweg mache, wird in den Schneiderwerkstätten noch emsig gearbeitet. Tief beugen sich die Köpfe der nebeneinandersitzenden Männer über die Arbeit, die Nadeln fliegen durch den Stoff. Schließlich sollen alle Kaftane und Djellabas rechtzeitig zum Fest am Ende des Ramadan fertig sein.

Entlang der Straße backen Frauen auf qualmenden Holzfeuern Brot. Es wird in schweren Pfannen zubereitet und findet viele Abnehmer. Auch ich kaufe ein Brot und gehe zufrieden mit meinem ersten Fastentag nach Hause.

Während des Ramadan entwickelt der Tag einen anderen, einen eigenen Rhythmus. Viele Marokkaner schlafen in dieser Zeit sehr lange. Zum einen sind sie bis spät in die Nacht hinein aufgeblieben, zum anderen wollen sie wohl auf diese Weise dem nagenden Hungergefühl entkommen. Die Hanouts öffnen erst gegen zehn Uhr, die größeren Geschäfte noch später.

Ich genieße es, an diesen stillen Morgen durch die Stadt zu streifen. Die Straßen sind verlassen, alles wirkt verschlossen, fast, als ob es immer so bleiben würde. Die Hunde schlafen noch am Straßenrand, nur einige der unzähligen dürren Katzen streunen durch die Gassen auf der

Suche nach einem Fischrest vom Abend vorher. Manchmal dringt durch die geschlossenen Fenster eine Koranrezitation vom Kassettenrekorder.

Später dann werden die Händler mit frischem Obst und Gemüse beliefert. Haben die Tomaten je so prall und verlockend ausgesehen? Die Minze jemals so frisch geduftet? Doch den Gedanken an Essen und Trinken darf man nicht aufkommen lassen, denn leicht sind diese Fastentage nicht. Dabei ist jetzt November. Wie soll man im Juli oder August, wenn es glühend heiß ist, vier Wochen ohne zu trinken halbwegs gesund überstehen?

In einer Ecke sitzen Frauen im weißen Haik und bieten vorbereitete Kichererbsen in kleinen Plastikbeuteln an. Das erspart das Einweichen am Abend vorher, und die dünne Haut kann gleich entfernt werden. Kichererbsen sind wichtigster Bestandteil der allabendlichen Harira, und durch den Verkauf verdienen sich die Frauen einige zusätzliche Dirham. Die hat man nötig während des Fastenmonats, denn es wird jeden Abend reichlich aufgetischt, die Haushaltskasse wird strapaziert, und manch einer finanziert diese Zeit mithilfe eines Kredits.

Die Karren voll Petersilie und Koriander scheinen in diesen Tagen noch höher beladen zu sein. Fliegende Händler bieten Berge von Bananen, Granatäpfeln, Mandarinen, Äpfeln und Avocados an. Gegen Nachmittag kommen noch die Stände für Brot und Croissants dazu. Einige Geschäfte haben zusätzliche Tische für Milch und Joghurt vor ihre Türen gestellt. Ab vierzehn Uhr ist kaum noch ein Durchkommen. So viele Dinge müssen noch rechtzeitig eingekauft werden.

Drei Stunden später wird es dann ruhiger, die Läden schließen, Waren werden fortgeräumt, man beeilt sich, um pünktlich zu Hause zu sein. Ertönt dann die Sirene, wirkt alles wie ausgestorben. Selbst die Bettler sind verschwunden, haben vielleicht Platz in einem Hauseingang gefunden und erhalten eine Schale Suppe und ein paar Datteln.

Diese Ruhe dauert ungefähr zwei Stunden. Nach dem letzten Gebet füllen sich die Straßen wieder, einige Geschäfte öffnen. Die kleinen traditionellen Cafés, die den ganzen Tag über geschlossen waren, stellen die Wasserkessel auf die Gasflamme und Tische und Stühle vor die Tür.

Jetzt kommen die Männer, um sich über den Tag zu unterhalten, die viel zu hohen Preise für Tomaten und Obst zu diskutieren oder Karten zu spielen. Junge Leute promenieren, die Mädchen zurechtgemacht und meistens stark geschminkt.

Auf den Stufen vor einer Bankfiliale sitzen einige tief verschleierte Frauen – Prostituierte, die auf Kundschaft warten. Sie werden Erfolg haben.

In den Städten herrscht buntes Treiben bis weit in die Nacht. Man isst, trinkt Tee, trifft sich mit Freunden. Auf dem Land bleibt man innerhalb der Familie, hört Musik oder sieht fern. In jedem Jahr wird zum Ramadan eine spezielle Serie ausgestrahlt, die immer sehr beliebt ist.

Oft werde ich gefragt – auch von mir völlig Unbekannten –, ob auch ich faste, am Ramadan teilhabe. Nie, warum ich es tue. Schließlich bin ich keine Muslimin. Wenn ich die Frage dann bejahe, ernte ich Anerkennung. Man schüttelt mir herzlich die Hand, lädt mich spontan zur Harira ein und erklärt es Nebenstehenden, die vielleicht kein Französisch sprechen; und wieder einmal wird wohlwollend genickt.

Ich faste, weil ich hier für einige Zeit lebe, Traditionen, Kultur und die Religion kennenlernen und verstehen möchte, sie respektiere und zudem beeindruckt bin von der Disziplin, die der Islam seinen Gläubigen täglich abverlangt. Außerdem ist es hier ein wenig leichter zu fasten als bei uns zum Beispiel vor Ostern, da es alle tun und das gesamte tägliche Leben darauf ausgerichtet ist. Es entsteht das gute Gefühl, zu einer Gemeinschaft dazuzugehören, und obwohl ich immer noch Fremde – Ungläubige – bin und bleibe, scheint es auch auf mich in diesen Wochen zuzutreffen. Und so faste ich denn und stelle den Wecker auf halb fünf.

Die Tage vergehen, und wieder einmal verändert sich das Straßenbild: Wo Plastikdosen und Suppenschalen auf Käufer warteten, findet man jetzt in Plastik eingeschweißtes Kinderspielzeug aus China und Korea. In großen Mengen wird Kinderbekleidung angeboten, die Karren sind beladen mit Backutensilien, ein Mann hat lange Staubwedel geschultert, geht damit langsam durch die Straßen, bei den Polsterern herrscht Hochbetrieb. Auf dem Kornmarkt, auf dem sonst leuchtend bunt gefärbter Bast zum Trocknen ausliegt, wird Getreide an die Armen verteilt. Die letzte Woche des Ramadan ist angebrochen, und an ihrem Ende steht das große Fest.

Es wird geräumt und geputzt, Teppiche tanken auf den Terrassen Sonne, Messing und Kupfer werden auf Hochglanz poliert, man richtet den Salon, kauft vielleicht einige neue grellfarbene Plastikblumen, zusätzliche Teegläser werden angeschafft, die Kinder erhalten neue Kleider, Unmengen Plätzchen müssen gebacken werden.

Entfernt wohnende Familienmitglieder reisen schon Tage vorher an. Das Tempo erhöht sich täglich.

Wieder bin ich bei Abdelillahs Familie eingeladen.

Früh morgens mache ich mich auf den Weg. Alle Geschäfte sind geschlossen, nur einige Obstverkäufer bieten noch verschiedene Früchte an.

Ich scheine die einzige Frau zu sein, die zu dieser Stunde unterwegs ist. Überall treffe ich auf festlich gekleidete Männer in ihren besten Djellabas, mit weißen oder gelben Pantoffeln, einige mit dem *Tarbusch*, dem roten Fez, oder mit anderen traditionellen Kopfbedeckungen. Allein oder in kleinen Gruppen gehen sie zum Gebet, das an diesem besonderen Tag nicht in den Moscheen, sondern auf dem großen Platz Moulay Hassan unter freiem Himmel stattfindet. Es ist ein schönes Bild, die vielen Männer in eine Richtung streben zu sehen; manche haben ihre kleinen Söhne dabei, auch die schon ganz festlich herausgeputzt und ernsthaft, viele tragen den bunten Gebetsteppich oder ein Schaffell unter dem Arm.

Das Haus in der Medina empfängt mich voller Frauen in reich bestickten Kaftanen – auch für mich liegt einer bereit: rosa. Alle scheinen beschäftigt, unter ihnen Verwandte aus Tiznit, Agadir und Casablanca, die schon vor Tagen eingetroffen sind.

Gemeinsam füllen wir große Tabletts mit Teegläsern, Zucker wird zerkleinert, Wasser für den Tee brodelt. Mariam und Souad haben in den vergangenen Tagen bis spät in die Nacht hinein gebacken, nachdem jede bereits einen Arbeitstag hinter sich hatte, und die köstlichen Ergebnisse werden jetzt auf Tellern arrangiert. Es sind mindestens zehn verschiedene Sorten: Da finden sich einfache Sesamkringel neben kunstvoll geformtem Gebäck in Form von Feigen – mit Speisefarbe grün gefärbt. Ist doch Grün die Lieblingsfarbe des Propheten und die Farbe des Islam.

Es gibt in Schokolade getauchte Kekse, zarte Makronen, Konfekt aus Datteln, leichtes Erdnussgebäck und natürlich dürfen die edlen und kostbaren Gazellenhörnchen – mit Mandelmasse gefüllt – nicht fehlen.

Über Dampf werden dünne, kurze Nudeln gegart, die mit flüssiger Butter und gemahlenen Mandeln vermischt und dann sehr sorgfältig auf einem großen Teller aus chinesischem Porzellan zu einem Kegel gehäuft und mit Zimt und Puderzucker verziert werden. Versteckt unter diesem Berg sind kleine Stücke würziges Hühnerfleisch.

Der Tee wird heute in schönen silbernen Kannen aufgebrüht, und als alles fertig ist, kommen die Männer vom Gebet.

Schnell ziehen sich die Frauen in die Küche zurück, binden die Kopftücher noch einmal fester. Nur Mariam und eine Verwandte aus Tiznit bedienen die Männer, kehren danach gleich in die Küche zurück und schieben nur hin und wieder den Vorhang ein Stück zur Seite, um zu sehen, ob etwas fehlt oder Tee zubereitet werden muss. Nach einer guten halben Stunde brechen die Männer auf.

Die Nudeln werden neu aufgehäuft, Tee ist längst fertig und jetzt ist reichlich Zeit für die Frauen, um ungestört zu essen und die gebackenen Köstlichkeiten zu probieren, zu loben und nach der Zubereitung zu fragen.

Morgen wird man dann nachmittags selbst Verwandte besuchen. Wieder werden Frauen und Männer getrennt voneinander sitzen, man wird das angebotene Gebäck genießen und insgeheim vergleichen und zufrieden sein, dass man einen guten Ramadan verlebt hat.

Begegnungen

Der kleine Mohamed

Der kleine Mohamed, so nenne ich ihn, um die vielen Mohameds unterscheiden zu können, denen ich im Laufe der Jahre begegne. Warum ich gerade ihm den Zusatz *klein* gegeben habe, weiß ich selbst nicht mehr. Er ist größer und kräftiger als die meisten anderen. Aber es bleibt bei diesem Namen.

Ich lernte Mohamed schon während meiner ersten Marokkoreise kennen, die ich gemeinsam mit einem Freund unternahm. Sie führte uns tief in den Süden des Landes, und eine der letzten Etappen war Aït Ben Haddou. Hier wollten wir uns noch ein wenig ausruhen, bevor wir nach Deutschland zurückflogen, die vielen Eindrücke und Bilder verarbeiten, die letzten Ferientage ausklingen und verstreichen lassen.

Wir finden Zimmer in einer einfachen Auberge, von deren Terrasse man einen überwältigenden Blick auf den Hohen Atlas und die Kasbah von Aït Ben Haddou hat.

Mein Begleiter schlägt sich mit einer Magenverstimmung herum, und so gehe ich allein frühstücken. Ich bin an diesem Morgen der einzige Gast und genieße die Stille, male mir einen ruhigen Tag aus, mit viel Zeit zum Lesen und Träumen. Mein Buch habe ich bereits mitgenommen.

Ein junger, dunkelhäutiger Mann bringt das Frühstück. Wie überall gibt es auch hier Fladenbrot, Aprikosenkonfitüre, Milchkaffee und frisch gepressten, köstlichen Orangensaft.

„Ça va?"

„Très bien, merci", antworte ich.

„Et Monsieur?"

„Er fühlt sich nicht wohl, möchte nicht frühstücken."

Das scheint eine eindeutige Aufforderung zu sein, sich ab sofort um mich zu kümmern. Er bleibt, wir probieren eine Unterhaltung, und ich erfahre, dass er Mohamed heißt.

Meine Französischkenntnisse sind begrenzt, Mohamed spricht sehr leise und ich verstehe nur wenig, aber einige Informationen können wir austauschen. Er ist hier in der Auberge für die Küche zuständig. Kommen Reisegruppen, kocht er für vierzig und mehr Personen. Seine Spezialität ist Tajine, das typische Schmorgericht aus Fleisch oder Fisch und Gemüse, das in einem Tontopf mit kegelförmigem Deckel langsam gart. Er wird es am Abend für mich zubereiten, verspricht er.

Mein Frühstück ist beendet, Mohamed räumt das Geschirr zusammen und geht. Ich nehme mein Buch und suche mir einen Platz auf der Terrasse.

Einige Sätze habe ich gelesen, als ich erneut ein leises „Ça va?" vernehme. Interessiert lässt Mohamed sich mein Buch zeigen, zieht einen Stuhl heran. Von Paul Bowles hat er schon gehört. „Der hat in Marokko gelebt." Ein neuer Versuch einer Unterhaltung.

Ich erfahre, dass er mit seinen Eltern und Geschwistern im Nachbardorf lebt. Die fünf Kilometer zwischen Elternhaus und Hotel geht er zu Fuß. Das war früher auch sein täglicher Schulweg – viermal täglich bei Hitze im Sommer und Kälte im Winter.

Mohameds Familie stammt ursprünglich aus Mauretanien. Sein Großvater war noch einer der vielen schwarzen

Sklaven, ein *Haratin*. Sie gehören auch jetzt nicht zu den Wohlhabenden. Der Vater sei krank, zu schwach, um zu arbeiten.

Mohamed spricht mit großer Achtung und Stolz von seiner Familie. Er selbst wirkt sehr bescheiden, interessiert sich für viele Dinge und träumt davon, dass er seine Familie immer unterstützen kann, träumt von einem besseren Leben. Vielleicht bekommt er einmal eine Anstellung mit festem Gehalt und Papieren. Vielleicht hat er einmal genügend Geld, um zu heiraten. Er kennt ein junges Mädchen in Casablanca, eine entfernte Verwandte, zweimal hat er sie gesehen. Vielleicht irgendwann – inschallah.

Nach einiger Zeit nehme ich mein Buch wieder zur Hand, erkläre, dass ich jetzt unbedingt weiterlesen müsse. Mohamed versteht das, nickt – und bleibt bei mir sitzen. Ich gebe auf.

Gegen Mittag verlässt er mich. Einige Gäste sind zum Essen angemeldet, er muss in die Küche.

Mir serviert er mittags einen herrlich frischen Salat, garniert mit Orangenscheiben, und für Monsieur kocht er etwas Reis, damit es ihm bald besser gehe.

Auch am Nachmittag bleibt er anhänglich, ist einfach da.

Ich lege mein Buch zur Seite und bin einverstanden, mit ihm einen kleinen Rundgang zu machen. Er führt mich hinauf auf die Kasbah, zeigt stolz Plätze, an denen bekannte Filme gedreht wurden, spaziert mit mir durch die Oasengärten, in denen jede Familie ein Stück Land besitzt, Futterpflanzen anbaut, etwas Mais, Kartoffeln, vielleicht einen Mandel-, Oliven- oder Feigenbaum hat. Allerdings gedeiht alles nur bei ausreichend Regen – und der fehlt seit Langem und vieles sieht vertrocknet und traurig aus.

An diesem Tag komme ich nicht mehr zum Lesen.

Am nächsten Morgen, unserem Abreisetag, liegen frische Mandeln neben unseren Tellern, und zum Abschied schenkt mir Mohamed eine kleine Versteinerung an einem gelben Wollfaden. Wir machen ein paar Fotos und tauschen die Adressen aus. Ich drehe mich noch einmal um, möchte ihm zum Abschied zuwinken, doch er ist schon im Hotel verschwunden.

Als ich nach langer Rückreise zwei Tage später bei mir zu Hause ankomme, höre ich schon vor der Haustür das Telefon klingeln. Ich lasse mein Gepäck stehen, schließe schnell auf und nehme den Hörer ab.

Von weit her höre ich ein leises „Ça va, Marina?".

MUSTAPHA

Er sei „un petit fou“ – ein wenig verrückt, aber harmlos. Das ist die erste Information, die ich über Mustapha erhalte.

Ich sitze mit Abdul und Rachid, zwei jungen Marokkanern, in einem Berberzelt am Rande der Wüste und trinke mein erstes Glas Tee.

Abdul und Rachid werden mit mir und meinem Reisebegleiter eine Woche durch die Wüste wandern. Noch sind wir uns fremd, versuchen ein Gespräch auf Französisch, wollen uns ein wenig kennenlernen, bevor es morgen losgeht. Abdul und Rachid sind Berber, sind hier in dieser Gegend geboren, die Wüste ist ihnen von Kindheit an vertraut, sie kennen sie, sind tief mit ihr verwurzelt und durch sie geprägt. Beide sind Dromedarhirten, finden ihren Weg auch nachts mithilfe der Sterne oder bei Sandsturm, wissen um Oasen, Brunnen und die besten Plätze, um ein Zelt für die Nacht zu errichten, und führen hin und wieder Touristen. Ich blicke in offene Gesichter und habe Vertrauen. Sie strahlen Gelassenheit und Würde aus, und ihr Lächeln verleiht ihren Zügen etwas Kindliches.

Wir sprechen über das harte Leben in diesem äußersten Zipfel des Landes. Die anhaltende Trockenheit und Dürre machen ihnen Sorgen. Die Tiere finden zu wenig Gras und Pflanzen, die sie fressen können, weite Wege liegen zwischen den Futterplätzen, viele Nomaden sind gezwungen, ihre Herden zu verkaufen. Vielleicht gibt es bald etwas Regen, sie hoffen es … Aber jetzt sind wir da, und das ist gut. Es wird ein wenig Geld geben und Allah wird wissen, wie es weitergeht.

Unsere Führer tragen die typischen leuchtend blauen Gewänder der Wüstenbewohner und um den Kopf haben sie den *Chech* geschlungen, einen mal mehr mal weniger kunstvoll gewickelten langen, schwarzen Baumwollschal, der vor der brennenden Sonne, vor Wind und Staub schützt. Er ist so gebunden, dass man ein Stück Stoff auch vor Mund und Nase ziehen kann, falls ein plötzlicher Sandsturm aufzieht. Nur die Augen bleiben dann frei. Ohne Chech ist hier niemand unterwegs, und auch wir werden ihn in den nächsten Tagen nicht ablegen. In den Wüstennächten schützt er zusätzlich vor der Kälte.

Jetzt sollen wir lernen, ihn richtig zu binden. Er muss fest anliegen. Abdul und Rachid sitzen vor uns auf dem Boden, und wir verfolgen ihre Demonstration sehr aufmerksam, versuchen mit dem langen Stoffstück fertig zu werden.

Irgendwie fühle ich mich beobachtet und drehe mich um. Vor dem Eingang zum Zelt hockt ein junger Mann und sieht uns mit unbewegter Miene zu. Abdul winkt ihn herein und stellt ihn uns als Mustapha vor.

Mustapha kauert sich neben uns, schweigend.

Er wirkt wie auf dem Sprung, scheint jederzeit zur Flucht bereit, vermittelt nicht die Ruhe und Ausgeglichenheit der anderen Männer. Auch seine Kleidung ist anders. Er trägt völlig unübliche kurze Hosen und einen Pullover, in dem einige Löcher sind. Erst beim zweiten Blick fällt mir auf, dass er sehr gut aussieht.

Er ist größer als die anderen, vielleicht 25 Jahre alt, hat ein ausdrucksvolles Gesicht mit hohen Wangenknochen, einer schmalen Nase. Seine Haare sind länger und stehen wirr vom Kopf ab. Am meisten aber beeindrucken mich seine Augen, schöne, dunkle, aber unendlich traurige Augen, ein verlorener Blick, der abschweift, oft ins Leere geht.

Er ist ernst, schweigt immer noch, die Lippen fest aufeinander gepresst, sitzt einfach da, beteiligt sich nicht an der Unterhaltung, lächelt nicht über kleine Scherze, ist gar nicht wirklich anwesend. Unvermittelt steht er irgendwann auf und verlässt das Zelt ohne eine Geste oder ein Wort.

Dann erfahren wir sein Schicksal.

Mustapha hatte innerhalb nur eines Monats alle Verwandten verloren. Eltern, Geschwister, andere Familienmitglieder erkrankten und starben in kürzester Zeit. Woran, konnte uns niemand sagen. Er selbst blieb von der Krankheit verschont, doch der Schock und die Trauer verwirrten ihn. Er floh in diese Wüstengegend, überlebte dort allein, versteckt, wie ein scheues Nachttier, vermied monatelang jede Begegnung mit anderen Menschen.

Eines Tages tauchte er in Ibrahims Lager auf. War einfach da, sprach nicht, zeigte keinerlei Regung. Ibrahim beteiligte ihn an den Arbeiten der anderen, teilte ihm einfache Aufgaben zu. Er blieb, verlor allmählich seine Scheu, gehörte wieder dazu, hatte seinen Platz gefunden. Nur wenn Fremde kamen, zog er sich meistens zurück.

Wir bleiben lange still nach dieser Erzählung, und ich muss immer wieder an seinen verlorenen Blick denken, der weit weg etwas zu suchen schien.

Als wir am nächsten Morgen zu unserer Wanderung aufbrechen, hilft Mustapha, die Dromedare zu beladen, hat schöne sichere Bewegungen. Zum Abschied gibt er uns die Hand und winkt uns nach – zögernd, wie es scheint.

Am Tag unserer Rückkehr kommt er gemeinsam mit den anderen angelaufen, um uns zu begrüßen, lächelt schüchtern. Er begleitet uns in unser Zelt, lauscht den Berichten aufmerksam, isst mit großem Appetit unsere Schokoladen- und Gummibärchenbestände auf, wirkt viel offener als bei unserer ersten Begegnung.

Und dann spricht er zum ersten Mal, hat eine angenehme, sanfte, sehr leise Stimme, spricht französisch: „Die Wüste ist schön. Es hat dir gefallen. Man kann es sehen."

„Ja, ich möchte wiederkommen", antworte ich.

„Inschallah", murmelt er.

Zutraulich wie ein kleines Kind bleibt er im Zelt, isst, lächelt hin und wieder, erzählt etwas in einer Sprache, die ich nicht verstehe. Es macht nichts.

Ich erkläre ihm, dass ich ein wenig müde bin, mich gern hinlegen möchte. Mustapha nickt verständnisvoll und bleibt hocken.

Genau so unvermittelt wie am Ankunftstag springt er dann auch diesmal nach einiger Zeit auf und verschwindet ohne ein Wort.

Abends gibt es uns zu Ehren ein Abschiedsfest.

Brot wird gebacken, alle sind beschäftigt und auf dem Feuer köchelt eine Tajine. Der Himmel ist mit Sternen übersät, als wir uns von unserem Zelt, das ein wenig abseits liegt, auf den Weg zum Festzelt machen.

Das große, offene, schwarze Zelt ist völlig mit Teppichen in den schönsten Farben ausgelegt. Wir ziehen unsere Schuhe aus und treten ein. Sitzkissen liegen einladend auf dem Boden bereit, auf zwei niedrigen Tischen stehen Leuchter mit brennenden Kerzen. Sie tauchen das Zelt in ein warmes, geheimnisvolles Licht. Unterschiedliche Trommeln und eine Gitarre warten auf das Fest.

Nach und nach kommen alle aus den Zelten. Ibrahim, Abdul und Rachid haben ihre Festtagsganduras angezogen. Abdul strahlt, sieht blendend aus, könnte in jedem Wüstenfilm eine Rolle übernehmen. Rachid wirkt ernster, sein Platz ist draußen in der Wüste bei den Tieren. Dort fühlt er sich am freiesten und glücklichsten.

Die Teegläser werden gefüllt, die Männer bilden einen Kreis, greifen zu den Trommeln, das Fest beginnt.

Es wird getrommelt und gesungen. Ein dunkelhäutiger Mann mit einem offenen Kindergesicht begleitet alle auf der Gitarre, singt mit tiefer, voller Stimme. Sie singen das Saharalied, das Lied an den Mond, alte und neue Lieder, singen und trommeln mit Inbrunst, ernsthaft, voller Hingabe. Auch wir sollen singen, hatten es ja auch an den Abenden in der Wüste schon getan.

Zwei Männer stehen auf, machen merkwürdige Tanzschritte, die an den Gang eines Dromedars erinnern, umkreisen und drehen sich langsam. Es wirkt wie ein Spiel.

Und plötzlich erhebt sich Mustapha, der abseits gesessen hatte, geht hinaus vor das Zelt, verharrt einen Moment. Dann hebt er die Arme hoch über den Kopf und tanzt im Mondschein allein, hingegeben, ganz bei sich, einen fremden Tanz.

Es berührt mich, prägt sich ein. Ein Bild, eine Stimmung, weit weg von allem, ein Augenblick, den ich nicht vergessen werde.

„Er hat noch nie getanzt, seit er bei uns ist", wird Ibrahim später sagen.

Abschied am nächsten Morgen.

Alle sind traurig. Auch Mustapha kommt.

Er nimmt uns in den Arm und ein paar Tränen laufen über sein Gesicht.

Frauen

Schon auf der Straße werde ich vom Klang der Trommeln und von vereinzelten Freudentrillern empfangen. Sie versprechen ein Fest.

Der zweijährige Omar ist heute beschnitten worden, ein wichtiger und besonderer Tag. Ein Hammel wurde geschlachtet und Verwandte und Freunde eingeladen.

Der kleine Junge liegt im Bett seiner Eltern und schläft. Man hat ihm ein Mittel gegeben, das ihn beruhigt und die Schmerzen lindert. Er trägt seine bestickte, weiße Festtagsgandura, statt der Hose allerdings ein Tuch, das voll Blut ist. Sein ganzer Stolz, die gelben Babouches, liegen direkt neben ihm, er hat sie heute zu seinem Ehrentag erhalten. Süßigkeiten, Becher mit Joghurt und etliche Geldscheine sind um ihn herum auf der Matratze verteilt. Sie sollen wohl das Aufwachen erträglicher machen. Ich lege 50 Dirham dazu.

Omars Mutter kauert neben ihm im Bett, die Knie angezogen, wirkt ein wenig verloren. Sie lässt ihren Sohn nicht aus den Augen. Unablässig streichelt sie ihn. Für die Mütter ist der Beschneidungstag nicht leicht, auch wenn es die Väter oder nahe männliche Verwandte sind, die das Kind während der schmerzhaften Prozedur halten. Manch starker Mann soll schon kapituliert haben und musste weggeführt werden. Früher waren die Schmiede für die Beschneidung zuständig, doch heute wird sie im Krankenhaus vorgenommen, und es werden von jeher in Marokko nur Jungen beschnitten. Neben dem Bett hockt eine uralte Frau auf dem Boden, die alles mit wachen Augen beobachtet. Vielleicht die Großmutter oder auch Urgroßmutter.

Ich werde auf die Dachterrasse geführt, die mit Teppichen ausgelegt und mit Planen vor neugierigen Blicken geschützt ist. Schon immer waren die Terrassen der Platz, an dem sich Frauen ungezwungen aufhalten und bewegen konnten, und auch heute wird sich hier kein Mann sehen lassen.

Ich werde freudig begrüßt und bekomme einen Ehrenplatz – einen Stuhl, statt der sonst üblichen niedrigen Polster –, auf dem ich mich etwas unwohl und steif fühle, da ich alle überrage. Dicht an dicht reihen sich die Gäste. Es sind überwiegend einfache Berberfrauen vom Land, einige der Älteren mit Gesichtstattoos und alle in ihren besten Djellabas.

Vier Frauen sitzen auf der Erde und singen die sich unendlich lang wiederholenden, traditionellen Berberlieder, trommeln dazu auf kleinen mit Haut bespannten Tontrommeln, eine schlägt den Rhythmus mit einem Löffel auf ein Teetablett aus Metall. Vor ihnen, gut 20 Zentimeter hoch, dient der Boden eines Benzinfasses als Tanzfläche. Die übrigen Frauen klatschen oder singen mit.

Immer wieder verlässt eine ihren Platz und tanzt auf dem Fass. Kraftvolle, stampfende Schritte sind es, die den ganzen Körper beben lassen und mit dem begrenzten Raum auskommen. Die Arme sind auf Schulterhöhe ausgebreitet. Eine nach der anderen zeigt ihr Können, Anfeuerungsrufe und Triller begleiten sie. Stolz tanzen die Frauen, jede auf ihre Weise, sehr selbstbewusst.

Die Musikantinnen steigern das Tempo, die Musik wird lauter, treibt die Tänzerinnen vor sich her, einige nehmen die Kopftücher ab, schütteln ihre langen Haare, tanzen wie befreit. Das Alter spielt keinerlei Rolle. Junge Mädchen machen Platz für alte Frauen, Schwangere reihen sich ein und geben wohl schon so dem Ungeborenen das Gefühl für den Rhythmus mit. Kleine Mädchen, fein herausgeputzt in Rüschenkleidern, tanzen wie ihre Mütter, niemand hält es auf dem Boden, alle tanzen – und es hilft nichts, auch ich muss auf das Fass und versuche einige Schritte. Zwei junge Mütter stillen in all dem Trubel ihre Säuglinge, und ich denke, dass Babys, die diesen Hexenkessel unbeschadet überstehen, für immer unerschrocken bleiben.

Und dann wird die uralte Großmutter, angelockt von der Musik, in die Mitte geführt. Sie geht, auf einen Stock gestützt, unsicher auf das Fass zu, lässt sich aber dann auf den Teppich gleiten und beginnt, den Oberkörper hin und her zu wiegen. Sie schließt die Augen, und ihr Kopf pendelt von einer Seite zur anderen. Langsam tanzt sie sich in Trance, vollführt heftige, ruckartige Bewegungen, die zunehmend wilder werden. Ihr rot gemustertes Berbertuch rutscht nach hinten. Man sieht, dass sie fast kahl ist, die wenigen verbliebenen Haare sind mit Henna gefärbt und leuchten erschreckend orange. Einige Minuten verbringt sie in Trance. Abrupt kommt sie zu sich, scheint benommen. Man reicht ihr ein Glas Wasser, hilft ihr auf und führt sie zu einem Sitz. Langsam, noch nicht wieder ganz zurück, richtet sie ihr Kopftuch.

Wenige Tage später bin ich zu einem anderen Fest eingeladen.

Aischa hat ihre zweite Tochter bekommen. Zwei Tage verbrachte sie im Krankenhaus, teilte das Zimmer mit drei anderen Frauen, die Betten be- und umlagert von fürsorglichen Familienangehörigen, die die Wöchnerinnen mit

Essen versorgen und sich mit der gewohnten marokkanischen Lautstärke und Lebhaftigkeit unterhalten. Als ich meinen Besuch mache, wabern die unterschiedlichsten Gerüche durch das aufgeheizte Zimmer. Die Luft ist so schlecht, dass ich nach nur wenigen Minuten einen Termin vorschiebe, fluchtartig das Krankenhaus verlasse und mich frage, wie Neugeborene das überleben.

Eine Woche nach der Geburt wird zu Ehren des Kindes und seiner Eltern ein Hammel geschlachtet. Alle Verwandten und Nachbarn sind eingeladen, kein Weg ist zu weit, man reist an. Im Haus ist ein Heer von weiblichen Verwandten damit beschäftigt, alles zu regeln und der Wöchnerin zur Hand zu gehen.

„Komm um 14 Uhr", hieß es. Eine Einladung zum Essen. Doch inzwischen hatte ich gelernt, dass marokkanische Zeitbegriffe anders sind als unsere, und so esse ich vorsichtshalber noch eine Kleinigkeit und mache mich auf den Weg. Bei meiner Ankunft thronen schon einige Frauen nebeneinander aufgereiht auf den langen Polsterbänken im Salon. Es erinnert mich immer ein wenig an aufgeplusterte Hühner auf einer Stange. Sie tragen festliche, zum Teil reich verzierte und bestickte Kaftane, sind stark geschminkt und nutzen die Gelegenheit, ihren üppigen Goldschmuck zu zeigen. Es herrscht Schweigen. Ich begrüße alle, denke, ich hätte vielleicht eine Unterhaltung unterbrochen, aber das Schweigen hält, von kleinen Unterbrechungen abgesehen, an. Ich suche mir einen Platz. Inzwischen sitzt man eng aneinandergedrängt, ziemlich unbequem und die stummen Damen links und rechts von mir wärmen mich mit ihren fülligen Körpern. Alle sehen unbeweglich geradeaus und scheinen in die allertiefsten Gedanken versenkt. Noch immer spricht niemand.

Verstohlen sehe ich auf meine Uhr – kurz vor vier. Vielleicht wollen sie das Baby nicht wecken und warten auf die Mutter, überlege ich und registriere ein ziehendes Hungergefühl und quälenden Durst. Die Minuten schleichen unendlich träge dahin. Dann kommt plötzlich Bewegung in die Erstarrten. Man hört das typische Klappern der Teegläser und richtet sich auf. Eine alte Frau, die die Zeit für ein Nickerchen genutzt hatte, schreckt hoch, wird munter. Ich fasse Mut. Gläser mit dampfendem Tee werden herumgereicht, gefolgt von sechs oder sieben großen Tellern, auf denen sich die unterschiedlichsten und köstlich aussehenden Kekse auftürmen. Jeder erhält eine kleine Serviette, um die Vielzahl der Kekse darauf unterzubringen, man nimmt von jeder Sorte, alles soll probiert und bewundert werden. Dankbar trinke ich meinen Tee und esse mit großem Genuss eine Süßigkeit nach der anderen. Doch bei einem Blick in die Runde bemerke ich, dass außer mir nur noch ein junges Mädchen an ihrem Gebäck knabbert. Alle anderen Frauen haben die Kekse in die Serviette eingewickelt und wie Beute in ihren geräumigen Handtaschen verstaut.

Diese Sitte begegnete mir immer wieder, und ich habe bis heute keine Erklärung dafür gefunden.

Doch mit dem heißen Tee tauen die Damen ein wenig auf und einige unterhalten sich miteinander, wobei ich zu erkennen glaube, dass nur die üblichen Fragen nach Familie und Gesundheit gestellt werden.

Es vergeht noch eine zähe Stunde, Mutter und Kind tauchen immer noch nicht auf, aber dann werden durchsichtige Plastikdecken über die prächtigen Tischdecken gelegt, untrügliches Zeichen, dass es bald etwas zu essen geben wird. Man rückt erwartungsvoll noch enger zusammen, große Mengen Brot werden hereingetragen und verteilt, Gläser mit Cola oder Limonade gefüllt, riesige Platten mit safrangelben Hühnern erobern die Mitte der Tische, und nach einem eiligen „Bismillah" fallen die Frauen darüber her. Es wird so schnell gegessen, als gelte es, einen Rekord zu brechen. Obwohl feuerheiß, werden mit flinken Fingern die besten Stücke abgezupft, die würzige Soße mit Brot aufgetunkt, und nach höchstens zehn Minuten sind von den Hühnern nur noch die Knochen übrig.

Man lehnt sich aufseufzend und erleichtert zurück, die erste Etappe ist geschafft.

Ohne große Pause folgt der zweite Gang – lange geschmortes Lammfleisch mit eingelegten Pflaumen und gerösteten Mandeln, mit Sesam bestreut. Eine Köstlichkeit, die man langsam genießen sollte, aber es beginnt die gleiche Geschäftigkeit.

Schnell noch das Dessert, man atmet durch, wäscht sich die fettigen und klebrigen Hände, schweigt weiter und geht bald darauf nach Hause.

Mutter und Kind hatte man nicht zu Gesicht bekommen. Es wäre zu anstrengend, hieß es, und man fürchte zudem den bösen Blick. Hatte es doch immer wieder einmal nach so einem Beisammensein ungeklärte Erkrankungen oder sogar den Tod eines Kindes gegeben.

Diese Mitteilung lässt mich ein wenig frösteln. Wie konnte man so denken, waren doch nur Familienangehörige und die nächsten Nachbarn eingeladen? Wer würde da Schlechtes vermuten?!? Dornröschen und die böse Fee kommen mir in den Sinn, und ich hatte schon häufig davon gehört, dass man hier Krankheit und Unglück auf Neid, Eifersucht und sogar Hexerei zurückführt.

Glauben und tiefer Aberglaube liegen noch ganz nah beieinander. Auf jedem Markt kann man Amulette, gefüllt mit geheimnisvollen Pulvern und Kräutern, oder

Räucherwerk zum Vertreiben böser Geister kaufen und das Ḫamza-Zeichen, die *Hand der Fatima*, begegnet einem überall als Schmuck oder Türklopfer. Es symbolisiert die Zahl fünf, die als wirkungsvoll gegen alles Übel gilt. Auch Formeln gibt es, die man halblaut murmeln soll, wenn man das Gefühl eines unguten Blickes hat, und natürlich wurde ich längst mit diesem hilfreichen Spruch von Abdelillahs Familie ausgestattet.

Als ich dann als Vertrauensbeweis Mutter und Kind im Schlafzimmer besuchen darf, bin ich ein wenig angespannt und hoffe inständig, dass später auch nicht die kleinste Unpässlichkeit eintreten wird und Aischa und ihre Tochter gesund und munter über die nächsten Tage kommen.

Doch alles verläuft gut und die kleine Marouan entwickelt sich prächtig.

Ausgelassen feiernde Frauen, Frauen, die im Morgengrauen aufstehen, ein Holzfeuer anzünden und das erste Brot backen, die mit einem Esel oder zu Fuß weite Strecken zurücklegen, um Wasser zu holen, moderne junge Frauen, die studieren und ihr Land voranbringen wollen, andere, die immer noch nur das eine Ziel – Heirat – haben, gestrauchelte Mädchen, Bettlerinnen, fröhliche Hamamfrauen, überdrüssige, träge und genauso sehr starke Frauen, die die Familie zusammenhalten, ihr Schicksal annehmen, auch wenn es manchmal kaum zu ertragen ist – alle sind mir im Lauf der Jahre begegnet und einige sind Freundinnen geworden.

So wie Karima, die mich als Nachbarin mit ihren Kochkünsten verwöhnt, selbstbewusst die Haare kurz trägt, ohne Tuch, sich aber für den sonntäglichen Souk in den traditionellen Haik hüllt, weil sie sich so freier fühlt. Sehr glücklich ist sie mit ihrem Mann Mubarak, den sie liebt, und den drei Töchtern – und steht plötzlich vor dem Nichts, als Mubarak völlig unerwartet und viel zu jung stirbt.

Oder Naima. Sie unterhält mit dem Geld, das sie verdient, Bruder und Schwester, hilft anderen und ist stolz auf ihre Arbeit in einem kleinen Hotel, die sie nach der Scheidung gefunden hat. Gerade vierzig, erleidet sie einen Schlaganfall. In der Stadt, in der sie zu Hause ist, gibt es nur unzureichende medizinische Hilfe. Als ich sie besuche, ist sie blind und halbseitig gelähmt. Doch sie klagt nicht ein einziges Mal, und fragt man sie, ob es eine Besserung gibt, ist die Antwort immer: „Hamdullah." – Allah sei Dank, es geht mir gut.

Der Mann im Bus

„Dar Beida, Dar Beida, Dar Beida!" „Marraksch, Marraksch!"

Wie Maschinengewehrsalven prasseln die Rufe auf mich ein. Untermalt werden sie von laufenden Dieselmotoren, die mit schwarzen Qualmwolken die Morgenfrische vertreiben. Dicht an dicht stehen die Busse, fantasievoll bemalt mit Wüstenlandschaften, springenden Gazellen, prächtigen Regenbögen und wohlklingenden Namen in schönen Schriftzügen: „Trans Africain", „Gazelle du sud" oder „Etoile de Marrakech" sind einige von ihnen.

Kurz vor Abfahrt ist das Gedränge groß, und ich bin froh, noch einen Platz gefunden zu haben. Zehn Stunden Fahrt liegen vor mir, und ich hoffe, dass der Bus pünktlich um sechs Uhr abfährt, denn es wird an diesem Augustmorgen immer wärmer.

Ein blinder Bettler wird von einem Jungen durch den Bus geführt. Wenn er eine Münze erhält, murmelt er einen Segensspruch. Vorsichtshalber gebe ich ihm einen Dirham; man kann ja nie wissen. Nach ihm bietet ein Mann süßes, klebriges Erdnussgebäck an und findet reichlich Abnehmer. Ein Mädchen sucht Käufer für Tempotaschentücher, und vorn im Bus rezitiert eine abgerissene Gestalt mit hoher Stimme eine Sure aus dem Koran und möchte natürlich auch Geld.

Ich wünschte, wir würden losfahren, aber noch gibt es zwei, drei freie Plätze, und vom Fahrer ist nichts zu sehen. Zwanzig Minuten stehen wir schon mit laufendem Motor, und die Abgase kriechen langsam in den Bus und kratzen im Hals.

Eine dicke Frau in Djellaba und Gesichtsschleier zwängt sich durch den Gang und lässt sich schwer auf einen Sitz fallen.

Draußen, ein wenig abseits, rollt ein Mann seinen Gebetsteppich aus und verrichtet das erste Gebet des Tages.

Obwohl die Vorhänge vor den Fenstern schon zugezogen sind, wird es immer stickiger. Die zerschlissenen Plastiksitze, aus denen zum Teil der Schaumstoff quillt, heizen zusätzlich auf.

Endlich ist auch der letzte Platz belegt, und eine halbe Stunde später als vorgesehen, setzt sich der Bus schwerfällig in Bewegung. Der Busbegleiter, ein etwas finster aussehender Mann, hängt in der offenen Tür, ruft immer noch: „Marraksch! Marraksch!", und tatsächlich rennen einige Leute dem Bus nach und steigen ein.

Ich rutsche hin und her und versuche, eine bequeme Haltung zu finden, was aber auf den ungefederten und an uralte Gartenstühle erinnernden Sitzen fast unmöglich ist. Kurve um Kurve nimmt der Bus. Gedanken an den sicher desolaten Zustand der Reifen, an die vielen schweren Unfälle mit Toten und Verletzten drängen sich auf. Hier gäbe es keine Hilfe, keine Ambulanz und keinen Rettungshubschrauber.

Wir fahren durch eintönige, steinige und staubige Landschaft. Hin und wieder eine kleine Ansiedlung. In den Hecken haben sich schwarze Plastiktüten verfangen. Die Lehmhäuser scheinen in der Hitze zu kauern, ungeschützt dem Wind ausgesetzt, einige Türen und Fenster sind mit weißer Farbe umrahmt, und die Wände sind mit Symbolen bemalt. Das bewahrt vor dem bösen Blick, an den man glaubt.

Es wird immer heißer. Fast alle Fahrgäste haben die Augen geschlossen und dämmern vor sich hin. Der Busbegleiter verteilt Tüten und findet reichlich Abnehmer. Die Luft ist zum Schneiden und mir bricht der Schweiß aus. Ein kleiner Junge ignoriert die Plastiktüte und übergibt sich in den Gang. Die Fenster lassen sich nicht öffnen, und immer noch steigen Leute zu.

„Fin radi?“, ruft der Begleiter jedes Mal, wenn eine Gestalt völlig unerwartet am Straßenrand auftaucht. „Wohin gehst du?“ ist einer der ersten marokkanischen Sätze, die ich verstehe.

Da keine Sitzplätze mehr vorhanden sind, werden kleine Plastikschemel verteilt, einige Männer stehen im Gang. Zweimal passieren wir einen Polizeiposten. Kurz vorher ruft der Fahrer etwas und alle hocken sich hin, damit man von außen nicht sieht, wie übervoll der Bus ist. Eine der vielen marokkanischen Problemlösungen.

Inzwischen beträgt die Temperatur im Bus mindestens 35 Grad, in meinem Kopf hämmert es und ich kämpfe mit Reisekaugummi gegen die aufsteigende Übelkeit an. Immer wieder fallen mir die Augen zu, aber da es keine Nackenstützen gibt, ist an gnädiges Einschlafen nicht zu denken. Die Zeit schleppt sich dahin und die Entfernung nach Marrakesch scheint kaum weniger zu werden.

Nach gut vier Stunden halten wir an einem trostlosen Busbahnhof, um eine halbe Stunde Pause zu machen. Inzwischen bin ich so apathisch, dass ich nur aufstehe, um meinen Nachbarn aussteigen zu lassen, und im Bus bleibe. Der Geruch von gegrilltem Fleisch, das für die meisten Marokkaner zu einer Rast gehört, und der Dieselgestank würden mir jetzt den Rest geben. Ich esse einige Brocken trockenes Brot, trinke etwas Wasser und nicke sofort wieder ein.

Jemand klopft mir behutsam auf die Schulter. Ich schrecke hoch und lasse meinen Sitznachbarn wieder auf seinen Platz. Er lächelt mir schüchtern zu, holt aus einer Plastiktüte ein Sandwich, eine Packung Kekse und eine kalte Cola und legt alles auf meinen Schoß. Ich protestiere, aber wie um mich zu beruhigen, zeigt er mir die Tüte, in der sich noch einmal das Gleiche befindet. Ich bin richtig berührt und bedanke mich auf Französisch, das er aber nicht versteht. Doch über meine unbeholfenen Versuche, ihm auf Arabisch zu danken, freut er sich offensichtlich.

Erst jetzt nehme ich ihn überhaupt richtig wahr. Ein bescheiden wirkender Mann mittleren Alters, einfach, fast ärmlich gekleidet, der versucht, ganz ans Fenster zu rücken, aus Höflichkeit und um mir genügend Platz zu lassen, der bemerkt hat, dass es mir nicht gut ging, mir etwas zu essen kauft und sich zu freuen scheint, dass es mir schmeckt, der nicht nach meiner Telefonnummer fragt und mir kein Gespräch aufzwingt.

Als der Bus sich wieder auf den Weg macht, kramt er in seiner Reisetasche, holt ein ordentlich zusammen gefaltetes Handtuch heraus, legt es auf seine rechte Schulter und bedeutet mir, dass ich meinen Kopf anlehnen kann. Ich zögere nicht und bin wenig später eingeschlafen.

Arabische Gastfreundschaft, irgendwo im Niemandsland, in einem heruntergekommenen Bus.

Ich denke oft an diesen Mann, der still und unscheinbar nach Ankunft in Marrakesch fast sofort im Gewühl verschwunden war.

Wüstensöhne

Es kann nicht mehr weit sein bis zum abendlichen Lagerplatz. Mubarak hat die Karawane verlassen, um Holz zu suchen, und schleppt einen gewaltigen, trockenen Ast heran. Das wird ein prächtiges Feuer geben.

Unbeeindruckt ziehen die Dromedare weiter. Hoch beladen sind sie mit Zelten, Gepäck, Decken und Proviant. Leise gluckert das Wasser in den Kanistern, die bauchige Teekanne, außen festgebunden, hüpft bei jedem Schritt auf und ab, und das Ganze wird gekrönt von einer Palette Eier – denen die Wärme nichts anzuhaben scheint, denn sie bekommen uns später ausgezeichnet.

Die kleine Gruppe geht auseinandergezogen, jeder hat während der Wanderung seinen eigenen Rhythmus gefunden. Jetzt stimmen Hussein und Mubarak einen Wechselgesang an, singen vom Tee, den sie – und wir natürlich auch – gleich trinken werden, vom köstlichen Brot und vom Feuer. Fremd anmutende Klänge, aus denen die Freude herauszuhören ist.

Vor uns wird eine Gruppe Tamarisken sichtbar. Wir sind am Ziel.

„Oootsch, oootsch?“, ruft Hussein, der Dromedarführer, und jedes der fünf Dromedare lässt sich in einer Art Wellenbewegung erst auf die Knie nieder, knickt dann die Hinterbeine ein und holt den Rest des Körpers nach. Flink bindet ihnen der schmächtige Hussein die Vorderbeine locker mit einem Strick zusammen. Eine Vorsichtsmaßnahme, denn sonst würden sich die Tiere auf der Suche nach

Futter, einer Dromedardame oder anderen interessanten Dingen viel zu weit vom Lager entfernen.

Mubarak und Mohamed beginnen abzuladen, und wir versuchen, uns dabei nützlich zu machen. Brahim, der Chef unserer Gruppe, zündet sich die erste Zigarette an und gibt Anweisungen. Seinen Spitznamen *General* trägt er zu Recht, denn er ist ein ausgezeichneter Organisator, zuverlässig und korrekt, etwas, das ihn auszeichnet und wohltuend abhebt. Geboren in einem versteckten Dorf im Antiatlas, wurde die Wüste seine große Leidenschaft, und gemeinsam mit seinem Bruder Mohamed gründete er in Zagora eine Agentur für Wüstentouren. Irgendwie auf marokkanischen Umwegen hatten wir uns kennengelernt, waren Geschäftspartner geworden und versuchten, unsere Liebe zu dieser besonderen Region an unsere deutschen Gäste zu vermitteln.

Mustapha hatte Recht behalten, ich war wiedergekommen und die Wüste zog mich unvermindert in ihren Bann. Jede Wanderung war neu und doch vertraut, war Herausforderung an Kraft, Geduld und Gelassenheit, jede war Anstrengung und zugleich völliges Losgelöstsein und Entspannung. Die Stille und Leere der Landschaft faszinierten mich. Beschwerliche Stunden beim Durchqueren der endlos und eintönig erscheinenden Steinwüste wurden belohnt durch einen besonderen Stein, eine Versteinerung vielleicht, die dann kilometerweit im Rucksack mitgeschleppt wurde, oder das Zwitschern eines Wüstensteinschmätzers, das aufhorchen ließ. Die sanft geschwungenen Sanddünen, die mit dem Horizont zu verschmelzen schienen, ließen den Wunsch aufkommen, immer weiter und weiter zu gehen. Das Licht spielte mit ihnen und verzauberte sie. Die Sonne ließ dem Sand einen Tag lang Zeit, seine unterschiedlichsten Farben zu tragen, und der

Wind entwarf immer neue und flüchtige Muster. Blaugraue Gebirgszüge begleiteten den Weg, und Oasen, die in der Ferne schimmerten, schienen Verheißung zu sein. Die Spur eines Käfers oder einer Springmaus war ein kleines Ereignis, ein großes das Entdecken einer Dromedarherde oder der Besuch eines wilden Esels. Mir gefiel es, mich der Wüste anzupassen, den Führern zuzusehen und ihren Geschichten zuzuhören und für einige Tage ein Leben zu leben, das aus der Zeit herausgenommen schien.

Schon wird das große Küchenzelt errichtet, in dem wir abends alle Platz finden.

Mubarak füllt den etwas verbeulten Wasserkessel, zündet die Gasflamme an und holt den Karton mit den Teegläsern. Ganz sorgfältig poliert er jedes Glas und stellt es auf ein Tablett. Nur er bereitet den Tee, *Meister* wird er dafür genannt, und er erfüllt dieses fast zeremonielle Amt mit Ernst und Hingabe. Tee und Brot, das Wichtigste für einen Nomaden – abgesehen von seinen Tieren –, um das harte Leben in der Wüste erträglicher zu machen. Hochgewachsen und hager ist Mubarak, das Gesicht von der Sonne gemeißelt, mit markanten Zügen und unglaublich klaren und strahlenden Augen. Sein Alter kennt er nur ungefähr, das spielt hier keine Rolle. Aber er ist verheiratet und hat neun Kinder. Stolz ist er darauf, stolz, auch wenn er arm ist und das Geld, das er hin und wieder durch die Touren oder als Markthelfer verdient, nur zum Nötigsten reicht.

Das große Gemeinschaftszelt ist aufgestellt, und Mohamed hat inzwischen in einer Ecke die Küche eingerichtet. Sie besteht aus einer Gasflasche, einem schmalen Holzbrett, einem Wasserkanister, einigen Schüsseln und mehreren sehr stumpfen Kartoffelschälmessern. Diese Ecke ist sein Refugium. Alle lieben ihn, denn er kocht hervorragend, und man ist immer voll gespannter Erwartung, wenn er zum Essen ruft. Auch am letzten Tag einer langen Wüstentour gelingt es ihm, mit schwindenden Vorräten eine schmackhafte Mahlzeit zuzubereiten.

Wüsste man es nicht, würde man Brahim und Mohamed nicht für Brüder halten. Brahim zierlich, ausgesprochen lebhaft und wortgewandt, mit der Philosophie liebäugelnd, Mohamed, ziemlich füllig und bedächtig, zurückhaltend und in sich ruhend. Alles an ihm ist rund, die großen Augen, das Gesicht und sogar die Füße. Er steht ein wenig im Schatten seines älteren Bruders, doch sie ergänzen sich und sind ein hervorragendes Team. Im Schneidersitz thront er in seinem kleinen Reich, hier redet ihm niemand rein. Die Tajineformen stehen zum Kochen parat, das Gemüse ist gewaschen, und griffbereit wartet eine gut gefüllte Plastiktüte voller Gewürze auf ihren Einsatz – seine Schatztruhe, wie er uns verrät. Zeit für einige von uns, ihm beim Gemüseputzen zu helfen.

Das Zelt ist mit Decken ausgelegt, gern streckt man sich nach dem langen Tag für einen Augenblick aus, ruht, träumt ein wenig vor sich hin oder sieht den anderen zu. Man genießt die Entspannung nach stundenlangem Wandern. Das Wasser summt im Kessel, Mubarak lässt eine Handvoll Tee in die Kanne rieseln und wickelt einen Zuckerhut aus einem Stück Zeitungspapier. Mit einem Stein schlägt er große Brocken davon ab, die später in die Teekanne wandern. Dabei entsteht ein typisches Geräusch, das mich immer munter macht. Es gibt auch kleine Hämmer für den Zucker, oft reich verziert, aber in die Wüste wird nur das Allernötigste mitgenommen.

„Bismillah", murmelt er, als er den Tee mit dem kochenden Wasser übergießt. Noch einmal wird die Kanne auf die Flamme gesetzt, der Tee brodelt, etwas tropft zischend daneben, mehrmals gießt er den Tee in ein bereitstehendes Glas und zurück in die Kanne, dann endlich probiert der Meister des Tees einen winzigen Schluck, nickt und ist mit dem Ergebnis sichtlich zufrieden.

„Whisky berbère", lacht Mubarak. In hohem Bogen schenkt er den Tee für alle ein. Dunkel ist der, sehr stark und süß, ohne Minze, und obendrauf wie ein Gütesiegel bildet sich im Glas viel Schaum. So muss es sein. Jetzt hat sich auch der Letzte von seinem Lager aufgerappelt, und die heißen Teegläser machen die Runde – la caravane – wie eine Karawane bis zu dem, der am weitesten entfernt sitzt.

„Bissaha!" – Auf die Gesundheit! –, rufen unsere Führer, schlürfen laut und voller Genuss den ersten Schluck, und wir tun es ihnen nach.

Inzwischen ist es dämmrig, und auf Mubarak wartet die nächste Aufgabe. Er ist auch für das Feuer zuständig. Zu einem Haufen geschichtet, wartet das gesammelte Holz vor dem Zelt. Die Fußsohlen fest am Boden, hockt Mubarak entspannt davor. Und bald lodern die ersten Flammen. Ich registriere, dass seine Socken überwiegend aus Löchern bestehen. Wir werden ihm unsere hierlassen. So machen wir es oft: T-Shirts, Handtücher, Hemden und manch anderer Gegenstand wechseln nach den Touren den Besitzer. Brahim verteilt alles gerecht.

Alle zieht es jetzt nach draußen und jeder sucht sich einen Platz am Feuer. Der Wasserkessel wird auf die Glut gestellt, es wird noch einmal Tee geben.

Brahim, den schwarzen Chech lässig umgeschlungen, erzählt vom Leben der Nomaden. Temperamentvoll gestikuliert er mit den Händen, die ungewöhnlich klein sind, rollt mit den Augen, und die Geschichten, mit denen er die hiesige Welt skizziert, werden lebendig.

Hussein kommt dazu, wärmt die Hände über dem Feuer. Er hat die Tiere versorgt, und heute Nacht wird er neben ihnen schlafen, ohne Zelt, unter freiem Himmel, wie immer schon. Als junger Mann hat er in der Armee gedient und verletzte sich bei einem Unfall schwer an den Augen. Er sieht schlecht und ist glücklich, dass ihm eine Engländerin ihre Brille überlassen hat. Ein etwas eigenwilliges Modell für einen Mann, aber was macht das schon. Tagelang zieht er manchmal mit den Dromedaren umher, findet immer seinen Weg, kennt die Brunnen und die besten Lagerplätze. Klein und schmächtig, steht er morgens auf der höchsten Düne und sucht mit einem uralten Fernglas nach seiner kleinen Herde, die im Morgengrauen trotz ihrer Fußfesseln immer noch einmal entwischt. Geduldig geht er ihnen nach, muss hin und wieder sogar rennen, um die widerspenstigen Tiere einzufangen, die genau zu wissen scheinen, dass er sie für die nächste Etappe beladen will.

Nach und nach leuchten immer mehr Sterne. Eine große Ruhe kehrt ein. Noch einmal machen die Teegläser die Runde, alle hängen ihren Gedanken nach. Mohamed geht zurück ins Zelt, um seine Tajine zu überwachen, Brahim raucht, Hussein stochert im Feuer und Mubarak knetet kraftvoll den Teig für das morgige Brot, das er später im von der Glut heißen Sand backen wird. Er liebt es, fotografiert zu werden, und sobald eine Kamera auftaucht, wird er aufmerksam, strahlt, wenn man ihn um ein Foto bittet, und freut sich wie ein Kind, wenn er das Ergebnis auf dem Display bewundern kann. *Makayn mouchkil* – kein Problem – ist sein Lieblingswort. Er sagt es auch mit einem Lachen, wenn ein Sandsturm die Welt verdunkelt, ein plötzlicher Regenguss alles durchnässt und mit den Händen Gräben um die Zelte gezogen werden müssen oder sie innerhalb weniger Sekunden von einem Orkan zerfetzt werden. Alles bewältigt er mit großer Ruhe, nichts wird ihm zu viel, und wann immer es ihm zu passen scheint, bringt er das einzige deutsche Wort an, das er kennt: „Wunderbar."

Das Essen ist fertig. Ein Tuch wird auf dem Boden ausgebreitet – unser Wüstentisch –, in grünen Tonschalen aus Tamegroute sehen Gurkenscheiben und Oliven verlockend aus und schmecken herrlich. Dann warten alle, dass Mohamed die Tajine in die Mitte stellt und mit großer Geste den Deckel hebt. Er strahlt dabei und freut sich über unser „Aah!". Wie unsere Führer essen auch wir mit den Händen und genießen jeden Bissen. Nichts bleibt übrig. Die Krönung sind zum Schluss die frischen Orangen, und der Wüstentag neigt sich dem Ende entgegen.

Lange sitzen Brahim und seine Männer in der Nacht noch vor dem Feuer. Sie lieben die Geselligkeit, lachen oft und gern, tauschen Neuigkeiten aus, und die raue Melodie ihrer Berbersprache lässt uns irgendwann einschlafen.

Abschied

Im Taxi nach Essaouira

Mohamed, mein Chauffeur, erwartet mich schon, als ich den Flughafen verlasse. Statt seiner üblichen Baseballmütze trägt er eine weiße Kappe zu seiner dunklen Djellaba. Fast hätte ich ihn nicht erkannt. Es ist Freitag, der islamische Sonntag, und vielleicht war er in der Moschee, bevor er mich hier abholt.

Er begrüßt mich freudig. In marokkanischem Tempo prasseln die Fragen nach Befinden, Familie, Gesundheit, den Töchtern und Freunden auf mich herab. Zwei Monate war ich in Deutschland – eine lange Zeit. Hamdullah, Allah sei Dank, alles ist in Ordnung, allen geht es gut.

Das blau-weiße Taxi aus Essaouira – ein alter Mercedes, der sicher schon einige Abenteuer hinter sich hat – leuchtet fröhlich zwischen den cremefarbenen Taxen aus Agadir. Das Armaturenbrett hat als Schmuck ein neues synthetisches Fell bekommen, ein Amulett, reich verziert mit Kaurimuscheln, baumelt vom Spiegel. Bestimmt schützt es vor allen Übeln und Fährnissen, die unterwegs lauern.

„Bismillah" – im Namen Allahs –, sagt Mohamed, als er den Motor anlässt, und vorsichtshalber murmele ich es auch. Sicher ist sicher.

Ohne weitere Erklärung drückt mir mein Fahrer eine Kurbel in die Hand. Nach unzähligen Fahrten in Gemeinschaftstaxen bin ich mit den Gegebenheiten vertraut und weiß, dass ich damit das Fenster öffnen kann. In diesen Sammeltaxen werden üblicherweise außer dem Fahrer noch sechs weitere Personen befördert. Davon teilen sich zwei Fahrgäste den Vordersitz. Wie störend wäre da eine Fensterkurbel, die sich schmerzhaft in den Oberschenkel graben würde. Also hat man eine einfache und vernünftige Lösung für dieses Problem gefunden.

Wie viele Taxifahrer im Land bohrt auch Mohamed zu Beginn der Fahrt voller Ausdauer in der Nase. Sorgfältig widmet er sich nacheinander beiden Nasenlöchern. Ist es ein geheimes Ritual? Ich beschließe, dass es mich nicht rasend machen wird, und blende das Geschehen aus.

Nach zwei Monaten Winter in Norddeutschland hatte ich fast vergessen, wie einzigartig und intensiv das Licht sein kann. Leuchtend rot, rosa und violett blühen die Blumen auf dem Mittelstreifen der Schnellstraße, die vom Flughafen nach Agadir führt. Allah hatte es gut gemeint und dem Land, das zu verdorren schien, in den vergangenen Wochen reichlich Regen beschert. Wie frisch gewaschen und herausgeputzt erscheint mir die Landschaft.

Ich lehne mich in meinen Sitz zurück, hülle mich in einen breiten Schal, denn irgendwie zieht es immer, und hänge meinen Gedanken nach.

Seit geraumer Zeit drängten sich mir die vielen Veränderungen im Land ins Bewusstsein, erschienen mir überdeutlich. Immer mehr bröckeln Essaouira und das Marokko, das ich kennengelernt habe und liebe. Es wird geglättet, aufpoliert und verschüttet. In einem Wahnsinnstempo verblasst vieles, und Charme wird durch Anpassung ersetzt, Charakter und Konturen von Städten und Landschaften verschwinden unwiederbringlich.

Natürlich kann mir zuliebe die Welt nicht den Atem anhalten und stehen bleiben, und selbstverständlich ist mein Leben hier inzwischen auch Alltag geworden, nicht mehr so fremd und geheimnisvoll wie in den ersten Jahren meines Aufenthalts. Aber all das Neue kommt zu schnell, und viele Marokkaner stimmen mit mir darin überein.

Ich sehe aus dem Fenster.

Wir überholen einen Lastwagen, auf dem sich gefährlich schwankende Kisten mit Orangen türmen. Wie schön, dass die Ernte noch nicht vorüber ist und ich noch in den Genuss dieser köstlichen, frischen Früchte komme.

Die Stadt Agadir wächst rasant, dehnt sich unaufhörlich aus, frisst sich in die steinige Landschaft.

Immer länger wird die Fahrt durch Neubauviertel, die nie fertig zu werden scheinen, in denen der Schutt liegen bleibt und Straßen weiterhin holprigen Pisten gleichen. Die Neubauten erinnern nicht mehr an den traditionellen Stil mit zur Straße geschlossenen Fronten, die nichts preisgeben möchten vom Leben im Innern. Jetzt schmücken sich die Häuser mit großen Balkonen, spiegelnden Fensterfronten und sind mehrere Stockwerke hoch. Alles wirkt verlassen, als ob niemand hier wohnen würde. An den Straßenrändern Müll. Das hat es sonst in diesem Maße nicht gegeben. Stadtnäher hat man Müllsammler eingesetzt. Zu zweit ziehen sie die Straßen entlang, in blauen Kitteln und bewaffnet mit Stöcken, mit denen sie herumliegendes Papier aufspießen und in Plastiksäcke stecken. Wo werden diese Säcke letztendlich landen? Die Männer sind auffallend klein und scheinen sich zu ähneln. Hat man kleine Männer gewählt, damit sie dem Müll näher sind?

Das Land hat immer noch und wahrscheinlich zunehmend ein riesiges Müllproblem. Es fehlt jegliches Bewusstsein für die Umwelt. Alles wird einfach fallen gelassen, dort, wo man gerade steht, lässig im Gehen oder auch schon mal in hohem Bogen aus der Haustür – ohne Regung –, egal ob Bonbonpapier oder Plastikflasche. Fährt man über Land, glaubt man an ein Heckensterben. Sie sind schwarz, da sich unzählige Plastiktüten darin verfangen haben. Es gibt inzwischen Initiativen im Fernsehen, die in kurzen Spots zu einem Umweltbewusstsein sensibilisieren wollen. Aber es wird sicher noch Jahre dauern, bis das in der Bevölkerung angekommen ist.

Inzwischen haben wir die Küstenstraße erreicht, und der Atlantik begleitet uns zu unserer Linken. Türkis glitzert das Wasser, Wellen rollen mit weißen Schaumkronen träge an den Strand. Weit draußen einige Fischerboote, näher am Ufer Wellenreiter, die den herrlichen Tag nutzen.

Die kleinen, verschlafenen Fischerdörfer zwischen Agadir und Tamri haben sich in den vergangenen sechs Jahren stark gewandelt. Zuerst kamen Surfer und Camper und entdeckten die stillen Buchten für sich, dann folgten internationale Hotelkonzerne, und die Bauzäune für Hotels und Ressorts, auf denen Fünf-Sterne-Luxus, Wellness und Golf angepriesen werden, umzingeln immer mehr ursprüngliches Land.

Hier wird die Karte Tourismus mit vollem Einsatz gespielt. Dafür geht man nicht zimperlich mit der Natur um. Flächen werden gerodet, Häuser abgerissen und Zufahrtsstraßen gebaut. Eine Landschaft verliert ihr Gesicht. Nichts ist mehr vorhanden von dem idyllischen Platz zwischen Ginsterbüschen und Macchia hoch über dem Meer. Dort hatte ich einmal einen stillen Nachmittag verträumt. Nun entsteht ein weiterer Golfplatz und verlangt nach Wasser. Doch das Zauberwort „Tourismus" lässt keine Zweifel oder Bedenken aufkommen. Tourismus bedeutet Hoffnung auf Arbeit und Wohlstand, und so bietet sich an vielen Küsten Marokkos das gleiche Bild.

Tamri, das Dorf inmitten von Bananenstauden, liegt vor uns.

Mohamed weiß, dass ich halten möchte, um ein Kilo der kleinen Früchte zu kaufen. Der Händler erkennt uns, reicht mir eine Banane zum Probieren und wiegt meine Wahl korrekt.

Tamri war auf meiner ersten Marokkoreise vor vielen Jahren ein prägender Stopp. Weg von dem Trubel in Agadir, habe ich hier zum ersten Mal Tee mit Minze getrunken, der Griff der kleinen Teekanne war mit Zeitungspapier umwickelt, damit man sich nicht verbrannte, und der Zustand der Teegläser ließ mich einen Moment zögern. Fasziniert haben wir damals dem Treiben auf der Dorfstraße zugesehen.

Noch weist kein Schild auf ein Hotel oder Restaurant hin. Anscheinend ist der Ort noch nicht interessant genug. Doch auch hier reißen neue, viel zu hohe Häuser Lücken in die Natur, und die blitzenden Autos, die die Dorfstraße passieren, scheinen nicht zu den Menschen in ihren ärmlichen Läden mit den verstaubten Auslagen zu passen.

Wie sehr hat sich das Straßenbild in ganz Marokko in den letzten Jahren verändert. Gab es anfangs in Essaouira nur wenige Privatautos neben den *Petit Taxis*, ist es heute schon manchmal schwierig, von einer Straßenseite auf die andere zu wechseln.

Noch reiten Männer auf ihren Eseln auf dem Land zum nächsten Markt; aber wie lange noch?

Wir fahren weiter.

Glücklich deutet Mohamed auf die Arganbäume links und rechts der Straße. Sie schienen verdorrt zu sein, und endlich tragen sie wieder grüne Blätter. Zäh und stark überstehen sie einige Jahre ohne Wasser, und die ausgiebigen Regenfälle der vergangenen Wochen haben sie wieder zum Leben erweckt. Das Geschäft mit Arganöl scheint lohnenswert. Viele neue Kooperativen, die die Früchte verarbeiten, sind entstanden. Es wäre schön, wenn die Frauen der Umgebung dort weiterhin ein wenig Geld verdienen würden und lesen und schreiben lernten. Das war damals die Idee der ersten Frauenkooperative. Aber wird es so bleiben, wenn alles mehr und mehr kommerzialisiert ist? Wer sind die Besitzer dieser oft zu großen und auf den Geschmack der Touristen abgestimmten Läden?

Die Straße windet sich durch das karge Land. Auf winzigen Feldern wird die Aussaat vorbereitet. Wie in uralten Zeiten werden Esel oder Dromedar vor einen Holzpflug gespannt und die steinige Erde bearbeitet. Schon bald wird sich die Erde unter den Olivenbäumen in grüne Weizenoasen verwandeln. Zur Ernte werden es die Frauen sein, die die Halme mit einer Sichel schneiden und zu dürren Garben zusammenbinden. Auf den Souks liegen dann Berge kleiner Bambusröhrchen. Sie dienen den Frauen zum Verlängern der Finger, damit sie mehr Ähren greifen können.

Oft bin ich die Strecke zwischen Agadir und Essaouira in den vergangenen Jahren gefahren. Zu jeder Jahreszeit kenne ich diese Landschaft. Die unterschiedlichsten Eindrücke stürzten anfangs in schwindelerregendem Tempo auf mich ein. Ich hatte jedes Mal das Gefühl, nicht schnell genug sehen und aufnehmen zu können.

Rennende, winkende Kinder am Straßenrand, Frauen in dünne, bunte, sich im Wind bauschende Stoffe gehüllt, klapprige, bemalte Lastwagen, die wie durch ein Wunder die bergige Strecke bewältigen, Eselsparkplätze mit geduldig wartenden Tieren, deren Besitzer auf dem wöchentlichen Markt einkaufen, lachende Frauen am Brunnen, Männer, die an der Straße hocken, als seien sie dort verwurzelt, auf irgendetwas warten und den Eindruck hinterlassen, dass sie vielleicht Wochen später dort immer noch kauern.

Landschaften entrollten sich wie marokkanische Teppiche, wie die *Hanbels*, die *Kelims*, die die Händler im Basar vor ihren Kunden ausbreiten. Die Farben der Kelims sind die Farben dieser Landschaft. Alle Töne findet man wieder auf den Hügeln, in den Ebenen.

Jedes Mal führte mich die staubige Straße in eine unbekannte Welt.

Inzwischen ist alles vertraut.

Ich bemerke Veränderungen. Die Straßen haben Leitplanken bekommen und die traditionellen Cafés Plastikstühle, Häuser werden herausgeputzt und erhoffen sich jetzt Gäste, sind kleine Hotels mit klangvollen Namen oder Restaurants geworden. Will man die in den Arganbäumen herumkletternden Ziegen fotografieren, reichen zwei oder drei Dirham nicht mehr.

Jetzt ist es nicht mehr weit bis Essaouira. Schon kann man die gigantischen Windräder bei Sidi Kaouki erkennen. Kürzlich sind dort an dem noch ursprünglichen Strand nach einem Brand die windschiefen und pittoresken, aus Brettern und Plastikbahnen zusammengebastelten Cafés abgerissen worden. Guten, starken Tee und leckere Tajine gab es dort für wenig Geld. Jetzt wird an diesem Platz ein Hotel entstehen.

Ghazoua sieht man von Weitem.

Vor einigen Jahren nur eine Ansammlung bescheidener Häuser, ist es jetzt eine riesige Siedlung mit drei- und viergeschossigen Wohnblocks. Schon blättert die weiße Farbe an den Hausmauern, stehen viele Wohnungen leer oder werden nur in den Sommermonaten genutzt, und immer noch graben sich die Bagger in die Erde und schaffen Platz für weitere Wohnungen. Wer soll hier wohnen?

Es gibt keine Schule, keinen Hamam, die Müllentsorgung ist nicht ausreichend, ein Platz, auf dem eigentlich eine Gartenanlage geplant war, wird als wilde Müllkippe genutzt, und die Verbindung nach Essaouira, zehn Kilometer entfernt, ist miserabel. Alles wirkt menschenleer, nur einige kleine Lebensmittelläden und ein Café warten voller Hoffnung auf Kunden.

Kurz vor Essaouira weisen große Tafeln auf die im Bau befindliche Hotelzone und einen Golfplatz hin. Am Strand haben ein neues Café und zwei Hotels eröffnet. Alles sehr chic. Die kleinen, weißen Häuser mit ihren blühenden Gärten voller üppiger Bougainvilleas und Geranien sind abgerissen und verschwunden.

In meinem Viertel haben die Regenfälle der sandigen Straße zugesetzt. Riesige Schlaglöcher verlangen Mohamed viel Geschick beim Umkurven ab. Wäre ich während der Regenfälle hier gewesen, hätte ich über die Pfützen springen müssen. Mein Gemüsehändler hat umgesattelt, verkauft jetzt Handys, und in einem ehemaligen Hanout versprechen drei alte Computer auf schäbigen Tischen die neue Welt.

Nachdenklich schließe ich meine Haustür auf.

Was wird mich morgen erwarten?

Minze in Nordfriesland

Kurz vor Sonnenuntergang verstärkt sich der Wind noch etwas. Er war den ganzen Tag über unser Begleiter. Spielerisch, warm und ausdauernd wanderte er mit.

Vor einer Stunde haben wir unser Ziel für die Nacht erreicht, die Zelte sind aufgebaut und bilden einen Halbkreis. Ein wenig müde, aber zufrieden trinkt jeder ein Glas heißen, süßen Tees. Man ist angekommen. Bis zum Abendessen bleibt noch Zeit. Ich entferne mich von unserem Lagerplatz und klettere auf eine Düne.

Stille. Stille, die durch den Wind fast noch unterstrichen wird.

Von hier sind die Zelte nicht zu sehen. Hier gibt es anscheinend nur mich, den Sand, der in leichten Fahnen von den Dünenkämmen geweht wird, und den kühler werdenden Abendwind.

Wie sehr liebe ich diesen Moment, fernab von allem. Allein in und mit dieser unendlichen Weite, die ruhig werden lässt und den Dingen einen anderen, oft nicht so wichtigen Platz zuweist. Auch nach all den Jahren hat besonders diese Stunde nichts von ihrem Zauber und ihrer Magie verloren.

Und doch schweifen heute meine Gedanken ab. Begnügen sich nicht damit, einfach eine Pause einzulegen, zur Ruhe zu kommen, gehen weit entfernt auf Reisen.

Wie um mich wieder hierher zurückzuführen, taucht fast lautlos eines unserer Dromedare auf. Sicher auf der Suche nach der nächsten wohlschmeckenden Tamariske. Doch der Gedanke lässt sich nicht vertreiben, beschäftigt mich ja schon länger, wird dringender und verlangt nach einer Antwort. Ich spüre, dass eine Veränderung bevorsteht, dass ich eine Entscheidung treffen muss.

In den vergangenen Monaten habe ich mich oft gefragt, wo denn mein Platz in den nächsten Jahren sein würde und könnte. Ist er hier, in Marokko oder doch weit weg in Deutschland? Noch vor wenigen Monaten wäre die Antwort eindeutig gewesen, ohne Frage, ich wollte hier bleiben. Doch fast unmerklich hat sich ein wenig Heimweh eingeschlichen, und es lässt sich nicht abschütteln.

Extrem sichtbar werden die Veränderungen in meiner Umgebung für mich, schüren das Gefühl. Vieles sehe ich sicher überspitzt, aber „mein" Marokko verblasst zusehends. Gehe ich jetzt durch Essaouira, sitzen nicht mehr die bekannten, meistens höflichen und freundlichen Händler selbst vor ihren Geschäften und halten nach Kunden Ausschau, sondern aufdringliche und oft dreiste Halbwüchsige. Es stört mich, dass als Tribut an die ins Land strömenden Touristen immer mehr Zugeständnisse gemacht werden, gewachsene Strukturen verschwinden, religiöse Regeln unterlaufen werden. Ich fühlte mich nicht wohl, als ich Zeuge einer Auseinandersetzung zwischen dem Kellner eines Cafés und ausländischen Gästen wurde, die, ohne darüber nachzudenken, dass sie als Urlaubsziel ein islamisches Land gewählt hatten, empört darauf reagierten, dass sie hier kein Bier erhalten würden. Ich schämte mich für die Männer in Shorts und freiem Oberkörper und für Touristinnen, die im Bikinioberteil im Straßencafé saßen. Gleichzeitig bemerke ich auch immer mehr Freizügigkeit bei marokkanischen Jugendlichen, während auf der anderen Seite die fundamentalistisch ausgerichteten Familien, deren Frauen völlig schwarz verhüllt sind und oft sogar schwarze Handschuhe tragen, häufiger im Straßenbild anzutreffen sind.

Kleine, armselige Existenzen, wie Obst- oder Minzehändler, die ihre Waren auf Karren anbieten, werden an den Rand gedrängt, die Hanouts weichen Supermärkten oder bieten Ramschbekleidung auf Wühltischen an, die Cafés stellen noch eine Reihe Tische und Stühle auf die Straße, und die Zahl der Einheimischen, die dort ihren NesNes oder Tee trinken, nimmt ab. Es tut mir weh, dass ein Wäldchen mit Mimosenbäumen, in dem ich mir zur Blütezeit immer ein paar Zweige gepflückt habe, verschwunden ist, um Platz für einen Caravan-Stellplatz zu schaffen, oder sich viel zu hohe Neubauten immer tiefer in den nahen Wald bohren, um anschließend mit geschlossenen Fensterläden leerzustehen. Ich vermisse den fröhlichen Schuhflicker an der Ecke und den lahmen Bonbonverkäufer. Mein Olivenhändler hat seinen Laden geschlossen, um ruhiger auf dem Land zu leben, ein Hamam im Zentrum wurde aufwendig renoviert und ist seither so teuer, dass nur noch Touristen ihn nutzen können, und immer mehr Einheimische beklagen die Veränderungen und den stetigen Anstieg der Mieten. Man verdient mehr und einfacher an den Touristen, die nur wenige Wochen bleiben.

Doch werde ich nach sieben Jahren mit dem Leben in Deutschland zurechtkommen? Vieles und besonders viele Menschen werde ich sehr vermissen.

Und wenn Deutschland, dann wo?

Gleich würde die Sonne untergehen. Der Himmel färbt sich schon rot, taucht die Dünen in ockerfarbenes Licht.

Ich lass meinen Blick schweifen; er wird durch nichts aufgehalten. Nur Sand und Himmel. Sanfte Dünentäler bis zum Horizont. Unendliche Weite.

Sie war mir schon als Heranwachsende wichtig. Es schien mir nie öde oder langweilig, wenn ich auf dem Elbdeich lange Spaziergänge unternahm oder durch die Marsch radelte. Doch zurück in meine Geburtsstadt Glückstadt? Nein, das will ich nicht. Das hat seine Zeit gehabt, und zu viel hat sich dort verändert.

Meer ohne Wasser nennen die Berber die Sahara.

Ja, das Meer müsste – wie hier die Wüste – in der Nähe sein. Das wäre schön.

Also doch Schleswig-Holstein? Erinnerungen und Bilder von Ferien mit der Familie tauchen auf. Das ist lange her. Damals waren wir mit den Rädern von Schleswig nach Amrum gefahren. Zuerst über die Geest, dann durch die Hattstedter Marsch und die Köge. Schnurgerade ging es vorbei an üppigen Getreide- oder Rapsfeldern, an stattlichen Höfen mit den charakteristischen grünen Dächern und blühenden Bauerngärten. Schöne Erinnerungen sind das, und dazu abrufbar ein gutes Gefühl. Irgendwie frei hatte ich mich auch dort gefühlt, konnte tief durchatmen.

Der Wind zerrt ein wenig an meinem Tuch, der Himmel ist inzwischen flammend rot. Ich muss lächeln. Auch Wind würde es dort oben im Norden geben – reichlich. Und Sonnenuntergänge, Wolkenspiele und Farben à la Emil Nolde. Das könnte mir gefallen und hätte seinen Reiz …

Ich male etwas dilettantisch die Umrisse von Schleswig-Holstein in den Wüstensand. Zeichne Kiel, Schleswig und Flensburg ein, verweile kurz an der Schlei und wandere dann mit meinem Finger weiter nach links, nach Westen. In Nordfriesland komme ich an.

Darüber werde ich nachdenken.

In einem glühenden Ball ist die Sonne untergegangen, und es wird fast sofort dunkel und empfindlich kalt. Ich wickle mich fester in meine Jacke und gehe zum Camp zurück.

Ein Feuer lodert vor den Zelten, Tee wird gereicht und der Himmel bevölkert sich mit unzähligen Sternen. Ganz klar ist die Milchstraße zu erkennen – und dann eine Sternschnuppe.

Natürlich wünsche ich mir etwas, aber Wünsche darf man ja bekanntlich nicht verraten.

Ein gutes Jahr später sitze ich auf der Terrassenstufe meines kleinen Hauses in Nordfriesland und warte auf den Sonnenuntergang. Weit kann ich in die Marsch hineinsehen, und dahinter, weiß ich, kommt bald das Meer.

Und heute habe ich wunderbar duftende marokkanische Minze in meinem Garten gepflanzt, und wenn dann einmal Sehnsucht nach Marokko aufkommt, werde ich einfach einen Minztee in Nordfriesland trinken.

Anhang

Glossar

Hinweis: Bei den arabischen Formulierungen handelt es sich in der Regel um den marokkanischen Dialekt.

Agadir (berberisch: „befestigter Kornspeicher"): Hafenstadt am Atlantik im Süden Marokkos

Aït Ben Haddou: Ein Ksar (befestigtes Dorf) am Fuße des → Hohen Atlas im Südosten Marokkos. Es wird von einer traditionellen Wohnanlage (Kasbah) aus Stampflehm überragt. Die Kasbah ist UNESCO Weltkulturerbe.

Allahu akbar (arab.: „Gott ist [unvergleichlich] groß"): Gebetsruf und häufig gebrauchte Formel im Islam

Antiatlas → Atlas

Arganbaum: Eisenholzbaum, der dattelgroße Früchte trägt. Er wächst nur im südwestlichen Marokko. Aus seinen Früchten wird das intensiv duftende Arganöl gewonnen, das in Gastronomie und Kosmetik verwendet wird.

Atlas: Hochgebirge im Nordwesten Afrikas, das sich von Marokko bis nach Tunesien erstreckt. In Marokko wird es in das Rifgebirge, den Mittleren Atlas, den Hohen Atlas und den Antiatlas unterschieden.

Auberge (franz.): Einfaches Hotel
Bab (arab.): Tor
Babouches (franz.): Orientalische Pantoffeln
Bakschisch: Im islamischen Raum ursprünglich ein Almosen. Heute Trinkgeld und auch Schmiergeld
Berber (lat.: „Barbari" – einer, der stammelt): Die Römer benutzten dieses Wort für die Einwohner Nordafrikas, die ihre Sprache nicht sprachen. Die Berber selbst bezeichnen sich als „Amazirin" – als freie Menschen.
Bismillah (arab.: „Im Namen Allahs"): Eröffnungsformel fast aller Suren des Korans und lautet vollständig: bismi'llahi r-rahmani r-rahim – Im Namen des barmherzigen und gnädigen und gnädigen Gottes.
Brochettes (franz.): Gegrillte Lammspieße
Burnus (arab.): Weiter, ärmelloser Kapuzenmantel für Männer
Chebakia: Traditionelles Sesam-Honig-Gebäck, das im → Ramadan zur → Harira gegessen wird
Chech (marok.): Langer Baumwollschal, die traditionelle Kopfbedeckung in der Wüste, schützt vor Sandsturm, Sonne und Kälte
Chermoula: Würzige Soße mit Koriander und Kreuzkümmel
Couscous: Traditionelles Festtagsgericht aus Hartweizengries mit Fleisch/Fisch und Gemüse
Dar Beida (marok.): Casablanca, „Weißes Haus"
Diabat: Dorf, ca. acht Kilometer von Essaouira entfernt
Dirham: Marokkanische Währung, unterteilt in 100 Centimes. Ein Euro sind ca. elf Dirham.
Diwan: Lange Polsterbänke zum Sitzen und Schlafen
Djellaba: Langes Gewand mit Kapuze für Männer und Frauen

Drâa-Tal: Die Drâa ist der längste Fluss Marokkos. Er entspringt bei Ouarzazate und versickert bei → Mhamid in der Wüste. Das Drâa-Tal ist eine Dattelpalmen-Oase.

Faux guides (franz.): Falsche Fremdenführer, häufig auch Schlepper

Fez: Kopfbedeckung für Männer aus rotem Filz mit schwarzer Quaste

Essaouira (arab.: „Die Vollendete"): Hafenstadt am Atlantik, etwa 170 km nördlich von Agadir

Gandura: Ärmelloses, langes Gewand für den Sommer

Ghazoua: Dorf ca. zehn Kilometer von Essaouira entfernt

Gnaouamusik: Musik der früheren schwarzen Sklaven aus Mali. Die Musikanten tanzen sich zu der Musik aus Trommeln und Schellen in Trance. Sie dient auch der Anrufung und Beschwörung von Geistern. In Essaouira findet jährlich ein Festival mit Gnaouamusik statt.

Haik: Traditionelle Bekleidung der Frauen in Essaouira. Der Haik besteht aus einer sieben Meter langen Stoffbahn, die um den Körper gewickelt wird.

Hamam: Traditionelles Dampfbad im gesamten arabischen Raum, getrennt für Männer und Frauen

Hamdullah (arab.: „Allah sei gedankt!")

Ḫamza (arab.): Die Zahl fünf

Hanbel: Gewebter traditioneller Teppich der Berber

Hanout: Kleiner, oft winziger Laden, in dem man alles für den täglichen Bedarf erhält

Haratin: Volksgruppe in Marokko, Nachkommen ehemaliger Sklaven

Harira: Typische, marokkanische Suppe mit Kichererbsen. Sie wird traditionell im Ramadan zum Fastenbrechen gegessen.

Hoher Atlas → Atlas

Inschallah (arab.: „So Gott will"): Wohl die gebräuchlichste Formel im Sprachgebrauch

Kaftan: Tunika, wird häufig mit reich verziertem Gürtel getragen

Kasbah → Aït Ben Haddou. In Südmarokko gibt es noch zahlreiche, zum Teil gut erhaltene Kasbahs.

Kelim: Gewebter Teppich

Lalla (marok.): Respektvolle Anrede für eine Frau

L'fotor (marok.): Frühstück, auch die erste Mahlzeit im → Ramadan nach Sonnenuntergang

Macchia: Immergrüne Sträucher, die auf kargem Untergrund wachsen und ganze Flächen bedecken

Maharasch (marok.): Kräftiges Gerstenbrot

Makayn mouschkil (marok.: „Kein Problem!")

Marché aux grains: Kornmarkt

Maroc telecom: Marokkanische Telefongesellschaft

Marrakesch: Stadt im Südwesten Marokkos am Fuße des → Hohen Atlas

Medina (arab.): Bezeichnung für Altstadt

Mhamid: Ortschaft am Rande des Sahara, südlich von → Zagora, 1,5 km von der algerischen Grenze entfernt. Hier endet die Piste.

Muezzin: Ausrufer, der die Muslime zum Gebet ruft

NesNes (marok.) „halb und halb": Espresso macchiato

Patio: Nach oben offener Innenhof in traditionellen Häusern, oft sehr schön gekachelt

Petit Taxi: Kleine Sammeltaxis für drei Personen

Raffia (marok.): Bast

Ramadan: Islamischer Fastenmonat

Ras el Hanout: Gewürzmischung

Salam (arab.) „Frieden": Man sagt es zur Begrüßung und manchmal auch zum Abschied

Sharki (marok.): Bezeichnung für einen besonders heftigen Wind

Sidi (marok.): Respektvolle Anrede für einen Mann

Sidi Kaouki: Kleiner Ferienort am Meer, ca. zwanzig Kilometer südlich von → Essaouira

Slilo (marok.): Speise aus geröstetem Mehl, Sesam und Mandeln, wird im Ramadan zubereitet und ist sehr gehaltvoll

Souk (arab.): Markt, Basar

Souk Warka (marok.): Papier-Souk. Es gibt Schreibwaren, Zeitungen, Bücher.

Tajine (marok.): Rundes Tongefäß mit kegel-förmigem Deckel zum traditionellen Garen der Speisen

Taliouine: Kleiner Ort südöstlich von → Agadir. Von hier stammt der beste Safran des Landes.

Tamariske: Baum, der auch in der Wüste wächst

Tamegroute: Kleiner Ort südlich von → Zagora, bekannt durch seine Bibliothek und Töpferei

Tamri: Dorf, ca. fünfzig Kilometer nördlich von → Agadir

Tarbusch (marok.): Traditionelle Kopfbedeckung für Männer, → Fez

Tiznit: Stadt, ca. 100 Kilometer südlich von → Agadir, bekannt für schönen Silberschmuck

Zagora: Kleine Stadt in Südmarokko, das Tor zur Wüste. Von hier waren es für die Karawanen nach Timbuktu/Mali noch 52 Tage.

LANDKARTE MAROKKOS

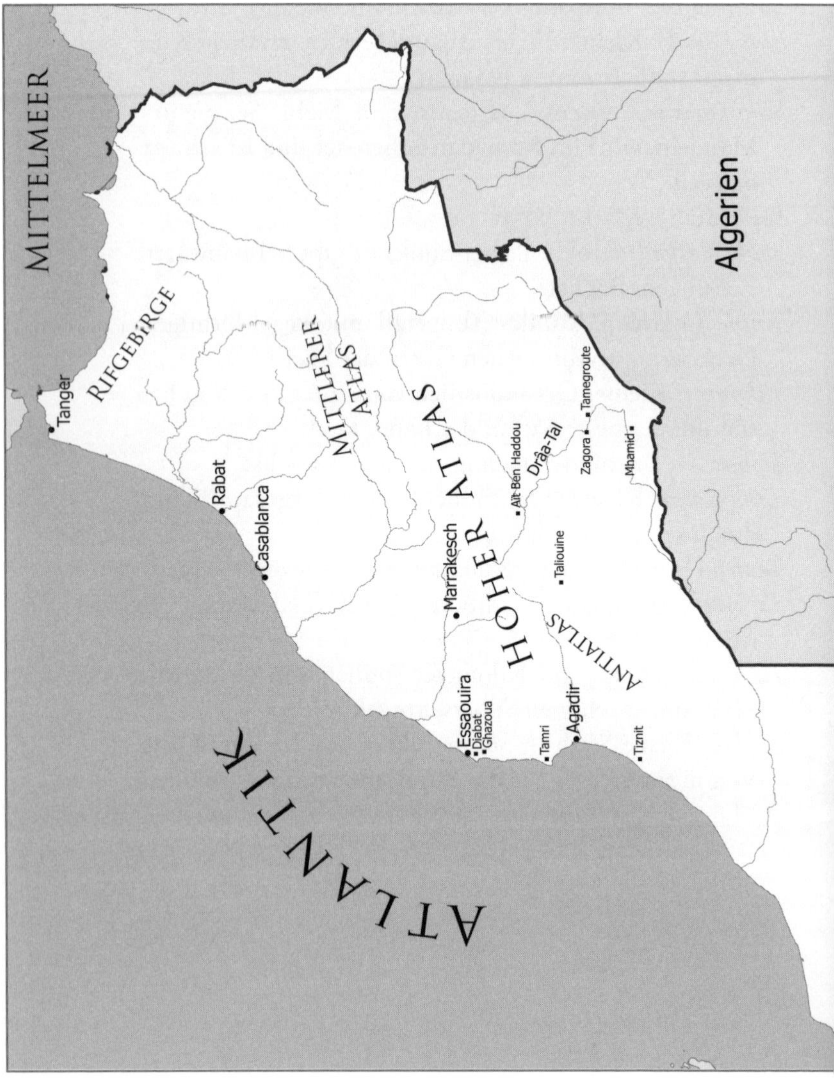